魏华　何小英｜著

不急不吼，
让孩子
自主
学习

8个好习惯
21天 轻松养成

人民邮电出版社

北京

图书在版编目（CIP）数据

不急不吼，让孩子自主学习：8个好习惯21天轻松养成 / 魏华，何小英著. -- 北京：人民邮电出版社，2022.7（2023.9重印）
ISBN 978-7-115-59230-9

Ⅰ. ①不… Ⅱ. ①魏… ②何… Ⅲ. ①学习方法－家庭教育 Ⅳ. ①G791②G782

中国版本图书馆CIP数据核字(2022)第073655号

内 容 提 要

养成良好的学习习惯，不仅可以让孩子在学习和生活中充满快乐，还可以提升自主学习的能力，体验成就感，更加自信，能更好地适应未来紧张的中学及大学的学习和生活。

本书的两位作者经过 10 余年"学习习惯培养"的实践，总结出了"八大学习习惯"，对应本书的 8 章内容，即科学规划时间、专注学习、高效完成作业、坚持预习复习、快速准确记忆、积极备考、自觉阅读以及快乐学习。

本书适合广大父母阅读，希望读完此书，父母手中有方法，心中不焦虑；亦适合孩子阅读，他们能对照丰富、鲜活的案例，根据自己的痛点，优化学习方法，提高学习能力。让我们一起携手努力，帮助孩子养成良好的学习习惯，成为热爱学习、身心健康的小"学霸"！

◆ 著　　　　魏　华　何小英
　　责任编辑　马雪伶
　　责任印制　胡　南

◆ 人民邮电出版社出版发行　　北京市丰台区成寿寺路 11 号
　　邮编　100164　　电子邮件　315@ptpress.com.cn
　　网址　https://www.ptpress.com.cn
　　涿州市般润文化传播有限公司印刷

◆ 开本：880×1230　1/32
　　印张：8　　　　　　　　2022 年 7 月第 1 版
　　字数：164 千字　　　　2023 年 9 月河北第 4 次印刷

定价：59.90 元

读者服务热线：(010)81055410　印装质量热线：(010)81055316
反盗版热线：(010)81055315
广告经营许可证：京东市监广登字 20170147 号

序一
学习习惯养成，越早越好

魏华

我是两个女孩的妈妈，大女儿小米上初中一年级，小女儿米粒上幼儿园大班。

在教育孩子方面，我和许多父母一样，曾经面临很多困惑。

在小米上三年级前，我注重培养她的生活能力，很少关注她的学习习惯，总以为孩子长大了，学习习惯自然就变好了。结果证明：这种想法是不科学的。

到了小米三年级时，我突然发现她的学习习惯有很多问题，比如上课不专心、写作业拖拉、不爱预习和复习……结果是成绩不太理想，在语、数、英三科中，数学最弱，学得很吃力。

这时我才意识到好习惯的重要性，于是开始带着小米改掉不良习惯，培养好习惯。

对于上课不专心、容易走神儿的问题，我和小米一起制作"提醒便签"，在便签上写下"我要认真听讲，不走神儿"，贴在课桌桌面或者笔盒盖上。如果一不小心走神儿，小米只要看到"提醒便签"，就会提醒自己赶紧专注听课，就这样，她上课保持专注的时间越来越长。

对于写作业拖拉的问题，我和小米预估每项作业需要的时间，同时约定休息时间，用番茄时钟或者计时器计时，代替我的催促和唠叨。而且她知道，如果自己可以高效、高质量地完成作业，就有更多自由支配的时间，这让她写作业的速度越来越快。

对于不爱预习和复习的问题，我用趣味游戏的方法，比如借助"炒爆米花""玩骰子"等游戏，让小米在放松的状态下完成预习和复习，这样她不会觉得预习和复习是负担，而且还很乐意完成这项任务。

还有，数学一直是小米的弱项，对于这一学科，我让小米先使用讯飞AI学习机的"精准找到弱项"功能，测试知识点的掌握情况，了解哪些知识点是她的弱项，然后再让她看这些知识点的视频讲解，并对薄弱知识点进行"举一反三"，反复做题巩固，这样小米的数学成绩逐步提升，她也变得越来越自信。

小米开心地说："妈妈，我连这么难的数学都能学好，还有什么学不好的呢？"

…………

通过努力，小米养成了良好的学习习惯，各科成绩都有了提升，小学毕业时被评为"优秀毕业生"，并被她梦寐以求的中学择优录取。小米的数学成绩之所以能"逆袭"，并且一路突飞猛进，这和她的努力分不开，也与学习习惯的培养密不可分。

良好的学习习惯能激发孩子内在的学习动力，同时提升学习效率和学习成绩。

有了培养小米的经验，我从米粒3岁起，就开始培养她的生活习惯和学习习惯，以减少今后的纠错成本。现在米粒6岁了，已经养成了热爱阅读、做学习计划、高效记忆等好习惯。

如果孩子在小学阶段没有养成良好的学习习惯，到了中学时，科目增多，学习压力骤然增大，孩子非常容易手忙脚乱。

因此，我把养育两个孩子的经历，与何小英老师培养牛宝的经验结合起来，一起研发出了"八大学习习惯"训练模型和训练法。

亲爱的读者，如果您购买了本书，迫切希望培养孩子的学习习惯，提升学习成绩，欢迎添加我的微信weihua80238，发送"读者"，我会邀请您进入本书的读者群，领取本书配套的电子版表格资料包。您也可以参加"清华状元好习惯"家长特训营，我和何小英老师会提供专业的指导，与您一起引导孩子成为热爱学习、身心健康的小"学霸"。

欢迎扫描二维码，发送"读者"，添加魏华老师的微信

序二
父母爱学习，孩子更优秀

何小英

2012 年，牛宝 3 岁上幼儿园以后，我遇到很多育儿挑战，从那时起，困惑的我开始深入研究亲子教育。

转眼 10 年时间过去了，牛宝从幼儿园可爱的小娃娃长成帅气的中学生，我也从一名在大学工作 10 多年的职场妈妈，逐步成长为一位亲子教育专家和亲子教育畅销书作家，线上线下授课人数累计 200 多万，咨询人数上万。

教育孩子的过程中，我踩了很多坑，走了很多弯路，一路走来，感触良多。在陪伴牛宝成长的过程中，刚开始，牛宝的学习习惯存在很多问题，我非常焦虑。

好在我有一颗坚持不懈学习的心，我不断优化自己的教育方法。

在我和牛宝的共同努力下，牛宝逐步改掉坏习惯，养成了一些好习惯，自主学习能力越来越强，而且如愿以偿，牛宝以优异的成绩和优秀的综合素质，获评"北京市三好学生"，并被北京市重点中学择优录取。

在牛宝的学业发展过程中，我和牛宝都深刻体会到：

拥有良好的学习习惯是多么重要！

在研究和实践学习习惯多年以后，在 2019 年，我和魏华老师共同研发了"八大学习习惯"训练模型和训练法。同时，在导师秋叶大叔的指导下，我和魏华老师创办了"清华状元好习惯"家长特训营，帮助 3000 多个家庭，通过掌握科学有效的方法，逐步培养出一批拥有良好习惯、热爱学习、身心健康的孩子。

在"清华状元好习惯"家长特训营的学员当中，有很多优秀的父母，通过学习"八大学习习惯"，培养孩子良好的学习习惯，实现了非常好的效果。

胜利妈妈说："自从我和胜利一起参加家长特训营以后，孩子养成了很多好习惯，看到了很多优秀的榜样，逐渐树立了要考上清华大学，以后当宇航员的远大目标。因为有了这个坚定的目标，胜利非常热爱学习，上课认真听讲，紧跟老师思路，做作业也很高效，还会拓展学习很多课外知识，锻炼自己的表达能力，学习成绩也非常优异。"

童童妈妈曾经因为童童的各种问题经常被老师"投诉"，她非常苦恼。参加"清华状元好习惯"家长特训营后，童童妈妈认真学习"八大学习习惯"并积极实践，努力改善自己的教育方法。后来，老师"投诉"的次数越来越少，童童的成绩越来越好，童童也越来越自信。

天天爸爸说："自从我们和天天一起学习了'八大学习习惯'，我们和天天学会了一起制订每日学习计划，还学会了识别情绪以及管理情绪，家里大吼大叫的情况少了，天天脸上的笑容多了，情绪越来越稳定，学习成绩也越来越好。在班里从中等水平逐步提升到拔尖水平，天天也开朗自信了许多。"

……………

父母通过学习和孩子一起成长，这样的教育方式是非常有成效的。

如果父母不学习不提升，只是一味地指责或训斥孩子，孩子容易产生逆反心理，把父母苦口婆心的建议当作耳旁风。只有父母拥有科学的教育方法以及良好的亲子沟通技巧，孩子才会听得进去，愿意接受父母推荐的建议和方法。

亲爱的读者，如果您购买了本书，还想得到我和魏华老师的专业指导，请添加**我的微信 monicahxy39，发送"读者"，领取本书配套的电子版表格资料包，我会邀请您进入本书读者群进行交流学习。**有我们两位老师专业的指导，相信您一定会减少焦虑和困惑，在陪伴孩子成长的道路上，成为手中有方法、心中不焦虑的幸福父母！

欢迎扫描二维码，发送"读者"，
添加何小英老师的微信

前　言

好习惯，好未来

弗朗西斯·培根认为："**习惯是一种顽强而巨大的力量，它可以主宰人一生！**"

拥有好习惯，更能赢得美好的未来。大部分学业优秀的孩子，都具有良好的学习习惯，能够自主高效地学习。

冬奥会冠军谷爱凌从小就有一个非常好的学习习惯，就是"专注学习"。

正如谷爱凌所说，因为拥有专注学习的习惯，她才能为了备战冬奥会，提前一年完成高中学业，并以优异的成绩被斯坦福大学录取。

来自清华大学的武亦姝，是《中国诗词大会》第二季的冠军。武亦姝的父母在她很小的时候，就开始引导她每天读诗词、背诗词。

刚开始武亦姝并不感兴趣，甚至还有些抵触。于是她的父母就陪她一起读，并用趣味小游戏的方式，增加学习的乐趣，吸引她。正因为父母的陪伴和言传身教，武亦姝逐步养成了读诗词、背诗词的好习惯，一直保持到现在。

无论是谷爱凌，还是武亦姝，从她们身上都能看到好习惯在孩子成长过程中的重要性。

小学阶段是养成学习习惯的"黄金时期"

习惯养成，越早越好。让孩子一开始就做对，可减少之后的纠错成本。养成良好的学习习惯，不仅可以让孩子在学习和生活中充满快乐，还可以提升自主学习的能力，体验成就感，更加自信，能更好地适应未来紧张的中学及大学的学习和生活。

然而，很多父母却感慨，要做到太难了！

"孩子上课不专心听讲，时不时地望着窗外发呆，也容易被挪凳子的声音、掉笔的声音吸引，只要有动静，他一定要转过头去探个究竟。"

"最烦的就是陪孩子写作业，每次都要催她：'快点儿写，别发呆了！你看看你，半小时过去了，才写几个字'可是说了无数遍，她也不听！"

"我家孩子记忆力差，经常是背了后面的，忘了前面的。前一天好不容易背下来了，第二天老师检查时又忘了。"

…………

都知道学习习惯要从小培养，无奈现实中父母们遇到的问题却一大堆。

其实，父母遇到的这些问题，魏华老师与何小英老师也都遇到过，也困惑过、迷茫过。

两位老师通过不断学习、实践和研究，不仅帮助自家孩子，还帮助很多父母引导孩子养成良好的学习习惯，进而具备自主学习的能力。

"八大学习习惯"训练模型

为了帮助更多的家庭培养孩子良好的学习习惯，魏华老师与何小英老师根据**10多年**亲子教育从业经历，通过线上线下给**300多万**父母授课，给**20000多个**家庭提供一对一咨询，研发出一套行之有效的"八大学习习惯"训练模型和训练法。经过两位老师手把手的指导，这套方法已经使"清华状元好习惯"家长特训营的**3000多个**家庭受益。

八大学习习惯包括：科学规划时间、专注学习、高效完成作业、坚持预习复习、快速准确记忆、积极备考、自觉阅读以及快乐学习。

"八大学习习惯"训练模型

很多参加"清华状元好习惯"家长特训营的父母，通过学习科学的方法，培养孩子良好的学习习惯。

轩轩妈妈说："以前轩轩不会复习，成绩忽高忽低，波动很大。学习了'SMART'五步复习法后，我们一起制订了语数英成绩各提高2分的复习计划，轩轩不但乐于执行，而且期末考试成绩还提高了。"

多多妈妈说："以前放学回来我总是催促多多赶紧写作业，多多一百个不情愿，我们也容易发脾气，亲子关系变得越来越紧张。学习了'八大学习习惯'以后，我会让孩子放学回家先放松10分钟，再开始写作业，效果反而好，孩子也更乐意配合。"

欣欣爸爸说："以前我和欣欣妈妈的教育理念不同，经常因为欣欣学习的事情大吵大闹，欣欣也不知该听谁的。自从我们和孩子一起学习了'八大学习习惯'，我和欣欣妈妈学会先和欣欣一起制订适合她的每日学习计划，欣欣执行起来很乐意。我们还做了辅导欣欣学习的分工，妈妈负责语文和英语，我负责数学。教育过程中如果有分歧，我们会向魏华与何小英两位导师咨询，有了导师的专业建议，我和欣欣妈妈大吵大闹的情况越来越少，欣欣也越来越喜欢学习，成绩进步非常明显。"

…………

只要父母和孩子一起认真学习和实践"八大学习习惯"，孩子的学习就会有明显的进步。

如何学好、用好这本书

本书共 8 章。

第 1 章介绍如何帮助孩子养成科学规划时间的好习惯。父母需要学会引导孩子树立三种目标,使用五种重要的时间管理工具,制订三种形式的每日计划,合理规划假期的学习安排。有了明确的目标和计划,孩子就有成长的方向和动力。

第 2 章介绍如何训练孩子专注学习的好习惯,提高上课和做作业的效率。父母首先要了解不同年龄孩子的专注力水平,用四类专注力训练法提升孩子的专注力,通过养成"微习惯"、激发兴趣、鼓励与欣赏、满足成就感等方法,让孩子学习更专注。

第 3 章介绍如何培养孩子高效完成作业的好习惯。引导孩子运用 20 秒启动法、"GAT"三步法、作业检查法等,提高写作业的效率,让孩子越来越自律。

第 4 章介绍如何培养孩子坚持预习复习的好习惯。预习和复习是提高学习成绩的"秘密武器"。孩子学会三步预习法、"SMART"五步复习法以及三种高效复习法,学习事半功倍。

第 5 章介绍如何培养孩子快速准确记忆的好习惯。孩子记不住,不是因为"笨",而是因为没有掌握科学的记忆方法。父母可以使用放电影记忆法、多感官记忆法、卡片记忆法、联想记忆法等,通过科学的训练方法,让孩子拥有"最强大脑"。

第 6 章介绍如何培养孩子积极备考的好习惯。科学的备考方法特别重要,能让孩子做好充分的准备,考试时胸有成竹。可以运用考前复习三步骤、考中三个秘诀、考后复盘三步法,让孩子轻松考出好成绩。

第 7 章介绍如何培养孩子自觉阅读的好习惯,这个习惯是孩子提升认知层次最快的途径。杜甫诗云:"读书破万卷,下笔如有神。"本章介绍选书、高效阅读、碎片时间阅读等方法,让孩子读好书、好读书。

第 8 章介绍如何培养孩子快乐学习的好习惯。父母要学会情绪管理,同时还要提升孩子的抗挫能力以及自信心。孩子拥有好心情,学习才会更有乐趣;保持乐观积极的心态,人生才能更精彩!

这 8 章内容对应"八大学习习惯"训练模型,父母要引导孩子一起积极实践,过程中进行思考和总结,逐步摸索出适合孩子的好习惯培养方法。

手中有方法,心中不焦虑。

阅读完本书,在学习和实践过程中,如果您有育儿困惑,希望魏华老师和何小英老师提供专业的指导,可以联系两位老师,申请参加"清华状元好习惯"家长特训营,和爱学习、乐践行的父母们交流、学习,一起培养热爱学习、身心健康的小"学霸"!

下面,就让我们和孩子一起,开始"八大学习习惯"的训练之旅吧!

目录

第 2 章

专注力训练，上课、写作业不走神儿

第3章
高效完成作业，让孩子越来越自律

第 6 章
积极备考不慌乱，轻松考出好成绩

第 8 章

快乐学习好心情，父母孩子都要管好情绪

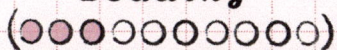
Loading…
(○○○○○○○○○)

第1章

科学规划时间，
战胜拖延症

1.1 目标先行，孩子的时间规划不偏航

> **❝** 孩子的目标确定了，前进的脚步也就轻快了。**❞**

思考

在孩子的成长过程中，你和孩子经常交流他的学习目标吗？

A. 很少交流，我很忙没时间，也不知道该如何跟孩子沟通学习目标

B. 偶尔交流，我会问孩子长大想做什么

C. 经常交流，我知道学习目标非常重要，经常和孩子沟通

D. 其他情况，请写下来_____

你的答案是_____

孩子课外班多，父母目标不清晰

假如我们想开车去一个地方，可能会先打开导航，输入目的地，再出发。这样可以少走很多弯路，更快到达。

养育孩子的过程，也是一次次的"到达"，先输入"目的地"，明确目标，才能更顺利地到达。

但事实上，很多父母却并非如此。

亮亮妈妈很重视教育，但容易受身边其他父母的影响，比如听说学什么对孩子好，就想让亮亮去学。"我听说现在学编程非常有前途，我想让亮亮学，但时间排不开了。现在亮亮正在学钢琴、围棋、游泳、数学思维和英语，哪个我也不想舍弃。"亮亮妈妈非常纠结。

这种情况比较普遍，表面上看是父母无法做出取舍，实际上是缺乏对孩子目标的规划。

学习目标的不同，会直接影响孩子每天的学习安排。

解决方法

学会树立这三种目标

关于学习目标的设定，心理学家提出了目标设定理论（Goal Setting Theory），他们认为目标具有激励作用，能激发人们行动的力量，从而实现目标。

学习目标可以分为三个阶段：远期目标、近期目标和短期目标。

树立这三个目标的顺序：由远及近。先确定最终的大目标，然后将其拆解为具体可操作的小目标。

学习目标三阶段

远期目标（长远学业规划）

远期目标可以设定为孩子长期的人生规划，比如考大学或者选择职业这些重要的阶段。确定远期目标需要经过 3 个步骤：收集详细的信息，体验实地氛围，接触优秀的前辈。

第一步：收集详细信息。

父母可以和孩子多聊聊他的梦想，同时多收集相关的权威信息，让孩子更容易理解也更清晰自己未来的方向，从而认清学习的方向。

涵涵在小学四年级的时候，就树立了远大的理想：考上国内一所重点大学，成为一名科学家。涵涵爸爸通过收集信息了解到，涵涵所在的省去年"985"大学的录取率是 2.79%，"211"大学的录取率是 7.48%。

除此之外，涵涵爸爸还进一步了解了当地孩子被重点中学录取的比例，以及重点中学学生考上重点大学的比例等。

了解这些重要的数据，在制订远期目标的时候就会"看得见""摸得着"。

第二步：实地氛围的体验。

让孩子"近距离地感受"理想，也有助于树立远期目标。

五年级的洋洋非常喜欢画画，已经坚持学了三年，她的梦想就是长大以后成为一名画家。爸爸妈妈非常支持她。

暑假期间，爸爸妈妈带洋洋到北京参观了中央美术学院，近距离感受校园优美独特的环境以及一流的师生作品。中央美术学院浓浓的艺术气息深深地吸引着洋洋，她说："以后我也要来这儿上学！"

洋洋把好好画画、考上中央美术学院定为了自己的远期目标。

第三步：近距离接触优秀的人。

胜利在一年级时，参加了"清华状元好习惯"亲子游学营，现场聆听了清华大哥哥、大姐姐的精彩分享，他给自己树立了远大的目标，他说："我的梦想就是要考上清华大学！"

有了明确的梦想，胜利平时的学习更有劲头，他更热爱学习了！

近期目标（每学期的学习目标）

罗马不是一天建成的。

远期目标的实现还需要在不同阶段实现不同的近期目标。以学期末 800 米长跑取得优秀成绩为远期目标为例，那么每个月、每学期需要达到的测试水平，就是不同的近期目标。

在学习上，近期目标指的是孩子**每学期或者每学年的目标**。

还是以涵涵为例，爸爸妈妈和涵涵根据对班级情况的了解，决定把近期目标制订为本学期期末语数英三科每科考试成绩达到95 分以上，同时争取通过剑桥英语 PET 考试。

短期目标（每日学习任务）

当近期目标制订好后，再制订短期目标就变得容易了。短期目标就是**每周或者每天的具体计划**。

比如，涵涵要想期末英语成绩达到 95 分以上，同时通过剑桥 PET 考试，他就需要制订如下短期目标来分解每天的英语学习任务。

（1）每天背 20 个单词。

（2）每天做 2 页英语习题。

（3）每天进行 30 分钟英语阅读。

（4）每天做 2 个英语口语对话练习。

在英语阅读方面，涵涵会使用英语阅读工具"小 i"（iEnglish），每天坚持阅读 30 分钟的英文绘本或书籍，他已经坚持了 1000 多天。涵涵说："现在英语试卷上的内容，大部分我都能看懂，做起题来也得心应手。"

涵涵会每天坚持使用"小飞"（讯飞 AI 学习机）的"AI 口语对话"功能，每天做 2 个英语口语对话练习。

涵涵不仅在五年级上学期期末的英语考试中取得满分的好成绩，同时顺利通过剑桥 PET 考试，这使得涵涵对英语学习的兴趣大增，自信心也大涨。

运用"学习目标三阶段"模型，父母学会引导孩子制订清晰的远期目标、近期目标和短期目标，和孩子朝着这个方向一起努力，一步步踏踏实实的，从而实现远大理想。

敲重点

1. 学习目标越明确，孩子的学习动力和积极性就越强。

2. 树立三个目标要由远及近，把大目标逐步分解为可执行的小目标。

3. 每个短期目标的达成，都会增强孩子的自信心，最终促进近期目标和远期目标的实现。

和孩子一起制订学习目标的三个阶段

参考涵涵的学习目标三阶段，和孩子一起制订远期目标、近期目标和短期目标吧！

	涵涵的目标	你的目标
远期目标	• 考上重点大学，成为一名科学家	
近期目标	• 语数英三科期末考试成绩95分以上 • 通过剑桥英语PET考试	
短期目标	• 每天背20个单词 • 每天做2页英语习题 • 每天进行30分钟英语阅读 • 每天做2个英语口语对话练习	

1.2 五种工具，建立孩子的时间感

❝ 时间感越强，时间管理得越好。❞

（思考）

你给孩子使用哪些时间管理工具？（可以多选）

A. 时钟：经常让孩子看家里的时钟，知道具体的时间

B. 手表：上学或者外出让孩子戴手表，随时可以看时间

C. 闹钟：每天早上在闹钟声中起床

D. 沙漏：孩子刷牙时用 3 分钟的沙漏计时

E. 番茄时钟：看电视或玩手机游戏时用番茄时钟计时

F. 计时器：做作业的时候用计时器计时

G. 手机：在家用手机作为计时工具

H. 其他，请写下来_____

你的选择是_____

20 分钟究竟有多长

晚饭后，晨晨家经常会上演一场"战争"。

妈妈和晨晨约定，晚饭后晨晨可以先自由活动 20 分钟，然后就要开始写作业了。可是经常是 30 分钟过去了，晨晨还在玩。妈妈催完爸爸催，又过了 20 分钟，晨晨才在爸爸妈妈的怒吼中极不情愿地放下玩具，磨磨蹭蹭地走到书桌前。

晨晨妈妈说："我们都说了 100 多遍的'20 分钟'，晨晨怎么就没有一点儿时间观念呀，急死人了！"

晨晨也委屈，他说："我又不知道 20 分钟到底是多长。"

是呀，如何能让晨晨真正理解 20 分钟究竟有多长呢？

孩子要先能感知到时间的流逝，才能管理好时间。

本节我们就来介绍父母应如何用时间管理工具代替对孩子的催促！

解决方法

五种超好用的时间管理工具

"时间"比较抽象，孩子理解起来有难度，父母可以通过使用时间管理工具，让孩子能看得见、摸得着"时间"。

时间管理包含两个关键点："间隔"和"顺序"。"间隔"就是指时间的长短，"顺序"就是多个事件发生的先后顺序。

使用时间管理工具能让孩子很好地理解时间间隔，比如 20 分钟是多长。

经调查我们发现：**很少给孩子使用时间管理工具的家庭，孩子的时间管理能力普遍都比较弱。相反，经常使用时间管理工具的家庭，孩子的时间管理能力比较强**。

常用的时间管理工具包括：时钟、手表、闹钟、番茄时钟、沙漏。

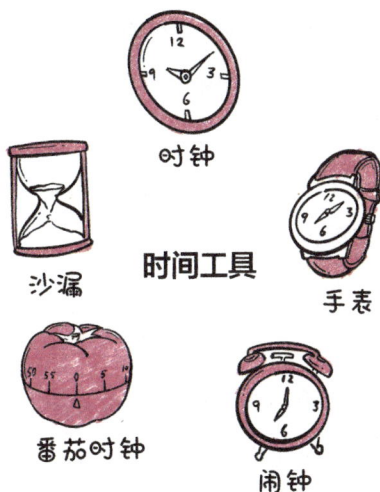

时间工具

时钟，把事情和时间相结合

认识时间可以从认识时钟开始，因为时钟是家庭里常见的时间管理工具。

孩子认识时间需要一个过程，不同年龄的孩子对时间的认知也不同，父母不能操之过急，可以参考联合国儿童发展基金发布的《孩子认知水平的通用标准》，在孩子不同的年龄阶段进行对应的培养，效果更好。

年龄	对时间的认知
5~6岁	能读取时钟上的小时和半小时标记，并可以在表盘上绘制
6~7岁	孩子能认识一小时有几分钟，一天有几小时
7~8岁	孩子能使用12小时制、24小时制，能够对时间进行对比
8~9岁	孩子可以转换12小时和24小时制，并进行读、写和转换

日常生活中，父母可以经常有意识地把"事情"和"时间"结合起来，逐步加深孩子对时间的理解。

"乐乐，你看一下时钟，现在是 7:20，7:30 我们要出发去学校啦。"

"萌萌，你看一下时钟，现在是早上 8:30，9:00 我们出发去动物园，还有 30 分钟时间，你准备一下。"

"晨晨，你看一下时钟，现在是 18:40，你休息 20 分钟，19:00 就要开始写作业啦！"

当"时间"和"事情"相结合，时间的作用才能被大大地凸显出来。

手表，从身体角度感受时间

手表是时间管理工具中最能和孩子产生深度链接的，因为手表戴在手上，可以让孩子时刻去感受时间。

上学、考试或者外出时，都可以让孩子戴上手表，父母还可以经常问孩子时间，或者和孩子玩"猜时间"的游戏，让孩子感受到时间带来的乐趣。

比如问孩子："我们不看手表，你觉得现在是几点？"

爬山时问孩子："我们准备开始爬山，一起来猜一猜，爬上山顶需要多长时间？"

通过这种随时随地的趣味游戏的方式，并借助手表这一工具，能更直观地提升孩子对时间的感觉。

闹钟，通过约定及时提醒

闹钟最好的使用场景就是早上起床的时候。

晚上临睡前，父母可以问孩子：

"晨晨，明天早上 7:30 我们要出发去上学，你是 6:40 起床还是 6:50 起床？"

孩子赖床怎么办？

假如担心闹钟响了，孩子却想赖床，有一种好方法，就是和孩子沟通，设置两个闹钟。比如第一个时间是 6:40，闹钟响了以后，还可以再小睡一会儿。第二个时间是 6:50，这个闹钟响了以后，就必须要起床了！

看起来只是多设置了一个闹钟，间隔了 10 分钟，但是这个小细节却处理得比较好，因为给了孩子一个从熟睡到醒来的缓冲时间，让孩子起床的压力变小，从而更愿意遵守约定。

另外，还可以让孩子选择闹钟的铃声或者音乐声，当喜欢的音乐响起，孩子也会更容易开心起来，起床的意愿也会更强。

把起床时间和叫醒方式的决定权交给孩子，孩子更愿意遵守自己选择的约定。

番茄时钟，劳逸结合培养专注力

番茄时钟不仅是一个风靡全球的计时工具，还是一个训练专注力、提高效率的工具。它不仅可以运用在成人的工作中，也可以运用在孩子的学习过程中。而且番茄时钟的造型一般比较卡通，容易受到孩子的喜爱。

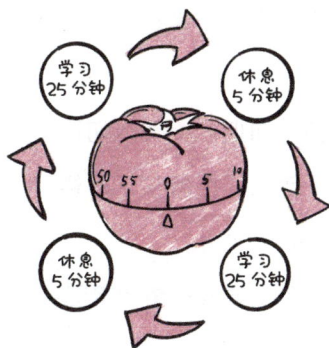

使用番茄时钟的具体方法如下。

第一步：设置时长（设置"番茄钟"的长度）。

当孩子开始学习的时候，父母与孩子约定专注学习的时间长度。这个时间长度，我们称之为"番茄钟"。这个时间长度可以是 15 分钟、20 分钟、25 分钟等。

不同年龄的孩子，在学习时保持专注力的水平是不同的。

一般来说，对于一二年级的孩子，可以学习 15 分钟左右，休息 5~10 分钟；对于三四年级的孩子，可以学习 20 分钟左右，休息 5~10 分钟；对于五六年级的孩子，可以学习 25 分钟左右，休息 5~10 分钟。

经过一段时间的训练，孩子的专注力提升了，父母可以和孩子沟通，逐步增加每次学习的时长。

第二步：开始计时（孩子自己开始计时和开始学习）。

父母要告诉孩子，在一个"番茄钟"周期内，要保持专注，不做其他任何无关的事情。约定好了，就让孩子旋转番茄时钟到约定的时间点，开始计时。

计时这个动作必须由孩子来进行，这样孩子才能感觉到自己是时间的主人。

在一个"番茄钟"周期内，父母切记不要随意打搅孩子，比如进出房间、给孩子倒水、提醒孩子写错了。父母的这些干扰行为会极大地影响孩子的专注力。

第三步：劳逸结合（完成一个"番茄任务"一定要休息）。

当孩子完成一个"番茄任务"后，就可以进行 5~10 分钟的休息。这种休息就像一颗糖，给人即时的满足感，这样孩子才可能再多完成几个"番茄任务"。

每 3 个"番茄钟"后，可以进行一个长时间的休息，比如30~60 分钟。

需要注意的是，番茄时钟在使用的过程中会有"嘀嗒嘀嗒"的声音，如果孩子会被这种声音干扰，可以换成没有声音的计时器。

沙漏，让时间流逝有画面感

沙漏是最能体现时间流逝的画面感的时间管理工具，把无形化为有形，孩子可以看到时间的流逝。

很多父母喜欢规定孩子各项活动的时长，希望孩子能养成良好的时间管理习惯，比如刷牙 3 分钟、看平板电脑 15 分钟、玩积木半小时等。

但事实上，很多低年级孩子对时间的概念比较模糊，不明白父母口中的"3分钟""10分钟""半小时"是多久，所以就会出现孩子难以达到父母要求的情况。

这种情况下，父母可以用沙漏来培养孩子的时间感。

父母可以提前和孩子约定："当沙漏上面的沙子漏完了，我们约定的看平板电脑15分钟就到时间了。"

沙漏一般有3分钟、5分钟、15分钟、30分钟等多种计时长度，父母可以根据具体的使用要求来准备。

以上就是培养孩子时间感最常用的五种时间管理工具，父母可以引导孩子经常使用，逐步培养孩子的时间感，提升他们的时间管理能力。

敲重点

1. 时间管理的两个关键点，一是控制好时间间隔，二是安排好先后顺序。

2. 每一种时间管理工具都有各自的特点，让孩子尝试使用多种工具，逐步建立时间观念。

3. 用时间工具代替催促，可减少催促给孩子带来的烦躁，大大提高孩子的配合度。

让孩子感受一下时间吧

为了让孩子能感知做不同的事情需要用多长时间，请选择一些场景，记录一下做这些事情所用的时间吧！

	预想	实际
从家到学校		
吃晚饭		
爬山		
做 20 道计算题		
背一首古诗		
背 20 个英语单词		
写一篇 400 字的作文		

1.3 三种形式的每日计划，让学习事半功倍

❝ 闲时无计划，忙时多费力。❞

思考

你和孩子有制订每日计划的好习惯吗？

A. 没有，不懂得如何制订学习计划

B. 很少，孩子不喜欢，太麻烦

C. 偶尔有，孩子很难按计划执行，效果一般

D. 经常制订，效果一般

E. 经常制订，孩子执行得很好，效果不错

F. 其他情况，请写下来_____

你的答案是_____

清华"学霸"从小养成每日做计划的好习惯

很多优秀的孩子，从小就有制订每日学习计划的好习惯。"清华状元好习惯"家长特训营的嘉宾导师权梓晴，是一位清华学霸，她随身携带一本"每日计划本"，把每天要做的事情一一做好记录，从早上 6:00 一直安排到晚上 12:00。

她说，每天做学习计划的习惯，从小学就开始养成了，让她受用至今。

学会做每日计划，是孩子学习时间管理过程中的一个重要环节。

上一节提到了时间管理的两个关键点"间隔"和"顺序"，并重点介绍了"间隔"。本节我们介绍"顺序"。

在学习时间管理的过程中，辨别事情的轻重缓急，并按一定"顺序"安排，是能做好每日计划的重要一环。

让孩子学做每日计划，主要是让他们明确每天什么时间做什么事情，帮助孩子养成良好的生活和学习习惯。

解决方法

三种形式的每日计划

制订每日计划的形式其实有很多种，这里给大家推荐三种比较常用的、适合不同年龄段孩子使用的每日计划形成：时钟图、清单式和表格式。无论选用哪种计划形式，父母都需要和孩子一起商量，因为孩子更愿意执行自己参与制订的计划。

"时钟图"是将每日计划完成的事情画成 24 小时的时钟样式，让计划变得更直观、形象和有趣，非常适合 8 岁以下的孩子使用。

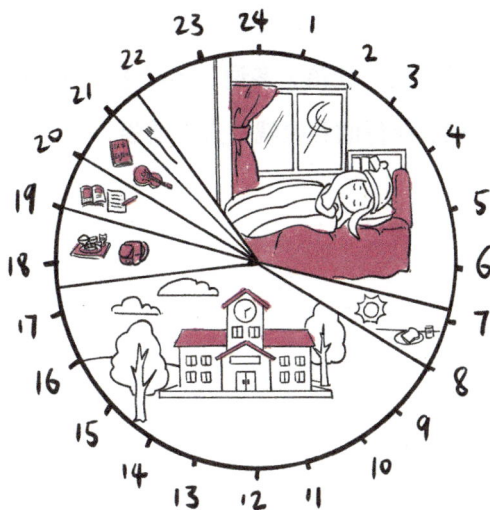

从上面这张时钟图，我们可以清楚地看到每件事情的起止时间，每天的安排一目了然。

"时钟图"每日计划看起来像一幅有趣的画，容易引起孩子的好奇心和创作欲望。可以分两步制作。

第一步：在纸上画一个被 24 等分的圆。

如果孩子喜欢画画，可以让孩子自己画。画圆的过程中，父母可以和孩子交流，让孩子加深对时间的理解。如果孩子不会画，父母可以负责画，孩子负责涂色。

第二步：和孩子沟通每日安排。

画好了"时钟"后，开始填入计划内容。可以先确定固定时间段要做的事情，比如睡觉、上学的时间等，让孩子知道，每天这些时间他要做什么。让孩子选择喜欢的颜色，把睡觉这个时间段涂上颜色，还可以画一个表示睡觉的图案或者贴一些表示睡觉的贴纸。接下来跟孩子一起确定余下时间段要做的事情。

制订每日计划时，让孩子多说、多动手。只要孩子愿意制作每日计划图，孩子执行的意愿就会大大增强。

第二种："清单式"每日计划

"清单式"每日计划就是把每天要做的事情，像列一张清单一样，按顺序一一列举出来。

"清单式"每日计划分为两大栏，左侧是时间，右侧是具体的事项安排。

06:50	起床早餐
08:00	上学
17:30	放学到家
18:00	晚餐
19:00	做作业
20:00	小提琴练习
20:30	中英文阅读
21:00	洗漱
21:30	上床睡觉

每日计划制订好后可以打印出来，放在家中醒目的位置。

父母需要引导孩子执行计划。比如父母经常和孩子说："我们来看一下今天的每日计划，现在的时间需要做什么事情？"这能让孩子逐步对每天的安排有意识，养成良好的习惯。

第三种："表格式"每日计划表

随着孩子年龄的增长以及学习要求的提升，每个时间段要做的事情需要计划得更详细具体，比如写作业，需要列出每个科目的内容，这时，"表格式"每日计划表就更合适孩子使用。

牛牛的每日学习计划（周一到周五）　　　时间＿＿＿月＿＿＿日

科目	项目	要求	时长	ABC 分类	完成情况
语文	课后作业	课内练习	20分钟	A类	
	背诵古诗／课文	课内要求	15分钟	A类	
	书籍阅读	推荐阅读书	30分钟	B类	
数学	课后作业	课内练习	20分钟	A类	
	数学思维训练	每天一节	30分钟	A类	
	口算练习	每天30题	10分钟	B类	
英语	课后作业	课内练习	20分钟	A类	
	背单词	每天20个	30分钟	A类	
	阅读英文书	每天阅读英语	30分钟	B类	
	口语对话	每天2个对话	10分钟	C类	
其他	语数英复习预习		15分钟	B类	
	课外休闲阅读		30分钟	C类	

备注：A类为必做项，B类有时间就完成，C类是没时间不做，根据实际情况可调整

"表格式"每日计划表中的内容更细致，甚至各个不同时间段的内容都可以单独做一个表格，如起床清单、上学准备清单、放学后清单等。这些"清单"的设计形式都是表格式的，在表格中，可以对一些重要或特别的事项，加上补充信息进行提醒。

为事情标注"重要 ABC 等级"，抓住重点

做好时间管理，除了要学会做每日计划，还要学会为事情标注"重要 ABC 等级"，提高时间管理的效率。为事情标注等级是一个非常重要的好习惯，如果孩子能坚持使用，就能学会抓重点，先做重要的事情。

事情从重要到次要，分为 A 类、B 类和 C 类。

· A 类事情：代表重要且紧急的事情，属于第一重要的事情，需要放在最前面做。比如学校老师布置的作业等。

· B 类事情：代表重要不紧急或者紧急不重要的事情，属于第二重要的事情，有时间一定要做。比如课外练习、课外阅读等。

· C 类事情：代表不重要也不紧急的事情，没时间就不要做。比如练琴、做科学小实验等。

这三个标注可以写在计划的备注栏里，或者时间、序号的旁边，也可以写在具体事情的后面。

通过以上方法，让孩子学会制订每日计划，他们便能清楚地看到自己每天的进步，不仅能提高学习效率，还可大大地增强学习主动性，有利于向长期目标迈进。

敲重点

1. 每项任务约定的时间需要符合孩子的年龄段以及性格特点。

2. 学会将事情按ABC重要性排序，把时间花在刀刃上。

3. 计划刚开始执行时，完成70%就是胜利，父母要用"成长性思维"让孩子慢慢提升。

亲子练习

和孩子一起制作每日计划

和孩子一起阅读本节内容，让孩子选择一种制订每日计划表的形式（时钟图／清单式／表格式），引导孩子制订一个本学期的每日计划。

读者也可以添加何小英老师的微信，回复"每日计划"，获取"表格式"每日计划模板。

1.4 "神兽出笼"的假期,这样安排最省心

> " 贵有恒,何必三更眠五更起。
> 最无益,最怕一日曝十日寒。 "

思考

每到周末或者寒暑假,孩子有哪些行为会让你比较头疼?(多选)

A. 每天晚睡晚起,作息生物钟紊乱

B. 假期作业总是拖到最后几天才急急忙忙地赶完

C. 每天就想上网或者玩游戏,约定的时间到了也停不下来

D. 喜欢看电视,各种各样的电视节目,一看就是一个多小时

E. 很爱吃零食,嘴闲不住

F. 经常和好朋友约出去玩,不打电话催就不回家

G. 其他情况,请写下来＿＿＿＿＿＿＿＿＿＿＿＿＿

你的答案是＿＿＿＿＿＿＿＿＿＿

孩子一到假期，生活学习无规律

每到假期，"清华状元好习惯"家长特训营的导师们就常常听到家长们这样诉苦：

"我家孩子到了周末，就睡得晚，起得晚，头疼！"

"孩子一到周末就说要放松，让他做什么都不愿意，作业都是拖到周日晚上才做完的。"

"寒暑假才惨呢！大人要上班，老人管不了，孩子在家就喜欢看电视、玩手机，只有看我们回家了，他才特别不情愿地写一点儿作业，真是累死人了。"

"我家娃暑假在家上网课，一边吃零食一边哼着歌，不知道的以为他在看电影，可会享受了！"

一说到"假期"这个话题，家长们的话匣子就收不住。孩子一到假期，生活就没有规律，有什么办法能让孩子学习和娱乐两不误呢？

解决方法

"三三三"假期规划法，让假期不放纵

假期要让孩子能兼顾学习和生活，做到张弛有度，就要做好假期计划。

父母如何引导孩子一起制订假期计划呢？可以使用"三三三"

假期规划法。

三段时间　　　三项任务　　　三种激励

第一个"三"：把一天分成三个时间段

父母可以引导孩子把假期每天的时间分为上午、下午、晚上三个时间段。

上午的时间段是早上 9:00 到 12:00 这三小时。下午的时间段是 14:00 到 18:00 这四小时，晚上的时间段是 19:00 到 22:00 这三小时，全天一共 10 小时。

第二个"三"：每个时间段完成三项任务

用"九宫格"方式规划孩子的假期安排是一个不错的选择。只要不外出，可以和孩子约定，每个时间段至少要完成三项任务，那么全天就可以完成九项任务。

假期每日计划（九宫格）

	9:00—10:00	10:00—11:00	11:00—12:00
上午	做校内作业30分钟+休闲30分钟	做校内作业30分钟+休闲30分钟	背单词+练口语+做语法练习共30分钟+休闲30分钟
	14:00—15:00	15:00—16:00	16:00—18:00
下午	课外阅读40分钟+休闲20分钟	用"小i"阅读30分钟+休闲30分钟	户外休闲/体育锻炼，120分钟
	19:00—20:00	20:00—21:00	21:00—22:00
晚上	做校内作业30分钟+休闲30分钟	做校内作业30分钟+休闲30分钟	用"小飞"学习数学/物理30分钟+休闲30分钟

　　有些孩子不喜欢在具体的时间范围内完成任务，也可以按照3项任务数量的形式和孩子进行约定。

　　在填写内容之前，父母可以先通过启发式提问的方法，引导孩子列出假期里需要完成的任务，并引导孩子把任务进行合理的排序，可以参照 1.3 节讲的"重要 ABC 等级"分类法。

　　比如，大家可以参考涵涵妈妈引导孩子的方式。

　　涵涵，今天你需要完成哪些内容？

　　当然是老师布置的语文、数学、英语课后作业喽。

　　除了这三科作业，还有没有我们之前约定过也需要完成的？

　　背 20 个英语单词、练 2 段口语对话，英语语法、数学、物理分别做 3 个知识点练习，用"小 i"阅读英语 30 分钟。

　　除了学习的内容，你的兴趣活动怎么安排？一起写下来。

练习拉小提琴。

每天下午我们可以下楼运动 2 小时, 你想做什么呢?

我想打羽毛球和乒乓球, 或者和小朋友在楼下花园玩。

好的, 咱们把这些内容都记在本子上吧!

父母可以通过对话的方式, 引导孩子知道假期需要完成的所有任务, 然后再教孩子如何进行合理的时间分配。

接下来, 父母可以引导孩子从任务中选出九项, 分配到上午、下午、晚上的每个时间段里, 比如上午完成老师布置的作业、课外作业、兴趣班的练习等。

每项任务的时间不要太长, 可以根据孩子的年龄进行安排。

一般来说:

- 一二年级的孩子, 每项任务的时间是 15 分钟左右;
- 三四年级的孩子, 每项任务的时间是 20 分钟左右;
- 五六年级的孩子, 每项任务的时间是 25 分钟左右;
- 中学生, 每项任务的时间可以提升到 30 分钟以上。

训练一段时间后, 每项任务的时长可以逐步延长。

除此之外, 父母可以引导孩子做一些家务, 对小学生来说, 每日家务可以包括整理房间、擦桌子、扫地、擦地、洗袜子、洗水果等。

如果遇到寒暑假这样的长假, 父母还可以和孩子一起制订一些特别的安排, 比如参加夏令营、参观博物馆、旅游、运动等。

第三个"三": 三种激励方法作为配套

礼物日

第一种，为了使孩子的假期安排更有动力，父母可以和孩子约定"礼物日"。

"礼物日"就是事先约定好的、对孩子认真完成计划给予激励的日子，在"礼物日"这一天，孩子可以得到想要的奖励。

"礼物日"可以选择有特殊意义的日子，比如孩子生日、"六一"儿童节、元旦、春节等；也可以选择比较固定的时间，比如每月几日。

需要注意的是，"礼物日"不要太频繁，比如对小学生来说，每月奖励 1~2 次就可以了。

愿望池

第二种，给孩子设计一个"愿望池"，把平时孩子想要的礼物存放到"愿望池"里，一定时间后根据计划完成情况，孩子可以选择其中一个来实现。

"愿望池"可以根据家庭的实际情况来设计，尽量以精神奖励和特权奖励为主，物质奖励为辅。

父母可以提前告知孩子"愿望池"的预算，教孩子"精打细算"。

先评分，后奖励

第三种，父母和孩子可以一起对"每日计划"的完成率及效果进行综合打分，分为1~10分，最高10分，代表完成得非常好，最低1分，代表完成得非常不好。

然后根据一段时间的平均分来进行激励，可以分三个档次进行设计。

比如，一档是最好的礼物，二档次之，三档是小礼物。大部分的孩子都会为拿到最高奖的礼物而努力。

运用"三三三"假期规划法，引导孩子用好周末和寒暑假时间，让孩子的学习和生活张弛有度。经过一个劳逸结合的假期，你会发现开学时孩子能快速地回到学习状态。

1. 科学的规划，能让孩子度过一个张弛有度的假期，玩得尽兴，学得开心。

2. 每个时间段完成三项任务，孩子觉得压力不大，更容易接受。

3. 假期规划执行一周后，父母可以和孩子沟通，看看是否需要调整或者优化。

制作假期"九宫格"每日计划表

　　用本节介绍的"九宫格"每日计划表，和孩子一起制订周末或寒暑假的学习计划。

　　读者也可以联系何小英老师，发送"九宫格"，领取假期"九宫格"每日计划表的电子文件。

假期计划表

上午			
下午			
晚上			

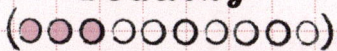
Loading···
(●●●○○○○○○○)

第2章

专注力训练，
上课、写作业不走神儿

2.1 不同年龄孩子的专注力极限，你知道吗

" 期待要符合实际。"

（思考）

给孩子在家学习的专注力打分，分为 1~10 分，1 分代表专注力极弱，10 分代表专注力极强。你给孩子打多少分？孩子给自己打多少分？

咨询一下孩子的学科老师，给孩子上课时的专注力打分，老师会给孩子打多少分？

孩子打分：＿＿＿＿＿＿＿＿＿

父母打分：＿＿＿＿＿＿＿＿＿

老师打分：＿＿＿＿＿＿＿＿＿

假如三者打分接近，且分数较高，说明对孩子专注力的判断基本一致，孩子的专注力比较好。假如三者打分差距比较大，且出现了较低的分数，那父母就需要和老师沟通并仔细观察，找到孩子专注力较弱的原因。

要求晨晨持续学习1小时，合理吗

晨晨妈妈在一次"清华状元好习惯"家长特训营的导师答疑会诊上，说出自己积压很久的困惑：每天晚上7点到9点是她陪伴孩子做作业的时间，也是她和晨晨爸爸最烦恼的时刻。

她感觉晨晨总是坐不住，才写了10分钟作业，就要上厕所。回来后还不能马上继续写，挪挪椅子，拍拍桌子。5分钟后晨晨又到客厅喝水，喝完之后，他顺手拿起玩具，看了看，摸了摸。

每天晨晨妈妈都和自己说，要心平气和，做一个温柔的妈妈，可是大部分都以咆哮和眼泪收场。

认真、专心地写作业，就这么难吗？

这真的是孩子的问题吗?

一般来说,一二年级(7~8 岁)的孩子,如果没有经过特别的训练,大部分孩子的学习专注力能维持 15 分钟左右;如果是性格活泼的孩子,只能维持 10 分钟左右。晨晨现在才一年级,但妈妈却希望晨晨能做到一口气至少学习 1 小时。

父母的理想值和孩子的现实水平之间,足足有 4 倍之差。

这正是导致父母和孩子之间矛盾不断的原因。

晨晨妈妈因为不了解孩子的身心发展规律,用理想的状态来要求孩子,结果是父母焦虑,孩子也烦躁。

事实上,不同年龄阶段的孩子,学习时保持专注的能力是有差异的。我们将这种能力称为"学习专注力",本书中用时间长度来描述这种能力的强弱。

解决方法

年龄越小,父母给予的关注度要越高

首先给各位父母树立信心:孩子们天生都有专注力!

在"清华状元好习惯"家长特训营上,导师会特别强调,父母要先了解孩子这个年龄对应的"学习专注力",再和孩子沟通,进行针对性的训练,从而达到孩子的专注力上限。

7~8岁（一二年级），约15分钟

这个年龄段的孩子，刚从幼儿园比较自由的状态，转换到小学生的学习状态，很多孩子会不适应。在"清华状元好习惯"家长特训营里，关于专注力，这个年龄段孩子的父母咨询比较多，有的父母经常收到老师的"告状"，对此非常苦恼。

7~8岁孩子"学习专注力"一般在**15分钟左右**，有的孩子保持专注的时间长一点，有的孩子可能会短一点。

对于这种现象，父母首先要予以理解，同时和老师保持沟通，在家做好孩子的专注力训练和培养。如果能在3~6岁（幼儿园阶段）开始培养，上了小学效果会更好。

给大家的建议是，在一二年级阶段，对孩子的学习，父母的参与度要高一些，建议父母给予的关注度要在**80%左右**。

高度关注，不是说时时刻刻在孩子身边，指出孩子学习的问题。而是要父母花大量的时间观察孩子的学习状态，及时引导孩子，帮助孩子提升。

父母要先观察孩子在做作业时，可以专注的时长是多少。在制订学习计划的时候，要根据孩子的能力和观察到的实际情况，约定学习时长，再使用计时器监督。

如果孩子在约定的时间内不能完成，父母要理解孩子，让孩子休息5~10分钟。如果孩子还能坚持，父母可以鼓励孩子把剩下的部分完成。

在这个阶段中，孩子容易一遇到问题就立刻找父母，比如："妈妈，这道题怎么做？""这道题什么意思呀，我看不懂。"

这时，父母不要指责孩子，而要就事论事，比如："这个字读'和'""这道题是要你选出正确的读音"等，如果遇到孩子不懂的题，可以就问题进行讲解。

不要过多地批评和说教。

9~10岁（三四年级），约20分钟

9~10岁这个年龄段的孩子，有了一二年级学习的磨合，同时大脑也在逐步发育，再加上父母和老师的不断训练和强化，"学习专注力"一般可以达到**20分钟左右**了。

这时候，父母可以适当地"放手"，对孩子学习的关注度可以减少到**50%左右**。这个阶段，孩子可以独立完成大部分的作业了。

父母可以提前告诉孩子，每项任务至少要坚持做20分钟，时间到了才可以休息，如果中途遇到困难可以先跳过，等任务完成后，再和他一起讨论如何解决，这样做可以保护和提升他的专注力。

注意，**"放手"不等于"放松"**。在不需要关注孩子的时候，父母也尽量不要在一旁看手机、玩游戏等。孩子会以父母为榜样，如果父母爱学习，他们就会效仿。父母和孩子一起学习和成长，孩子也会更配合。

11~12岁（五六年级），约25分钟

11~12岁这个年龄段的孩子，经过4年的小学学习，已经养成了一定的学习习惯，"学习专注力"也能逐步到达**25分钟以上**，父母对孩子学习的关注度可以减少到**30%左右**，这也是在为孩子初中的自主学习奠定基础。

此时，我们可以告诉孩子："通过小学四年的学习，你的'学习专注力'水平已经提升到比较高的水平，以后学习主要靠你自己，爸爸妈妈会抽查和监督，但大部分需要你自己认真完成。"

虽然孩子的自主学习能力在提高，但我们还是要让孩子知道，父母会经常检查他的学习进度，这样孩子就不会随意应付。

在培养孩子"学习专注力"的过程中，以下这些行为父母要尽量**避免**。

❌ 孩子做作业时，父母在旁边不时地指出错误，让孩子及时修改。

❌ 在孩子玩耍或学习的过程中，时不时地给孩子喝水、吃东西，打扰孩子。

❌ 孩子说话时，父母觉得孩子话太多，经常不耐烦地打断

孩子，没有耐心听孩子把话说完。

☒ 孩子在认真观察、探索好玩的事情时，父母嫌孩子弄脏了衣服、搞坏了玩具、太调皮，而愤怒地制止孩子。

这些不经意的细节，恰恰破坏了孩子的专注力，我们要非常注意哦！

敲重点

1. 7~8岁孩子的"学习专注力"一般能维持15分钟左右，父母对孩子的关注度要达到80%左右。

2. 9~10岁孩子的"学习专注力"一般能维持20分钟左右，父母对孩子的关注度要达到50%左右。

3. 10~12岁孩子的"学习专注力"一般能维持25分钟左右，父母对孩子的关注度可降低到30%左右。

2.2 四类专注力训练法，在家轻松做

" 天才都是训练的产物。

——《刻意练习》"

思考

孩子在什么情况下保持专注的时间会比较长？（可多选）

A. 看书

B. 下棋

C. 玩玩具

D. 画画

E. 看电视

F. 玩电子游戏

G. 其他，请写下来＿＿＿＿＿＿＿＿＿

你的答案是＿＿＿＿＿＿＿＿＿＿＿

活泼的天天有多动症吗

活泼好动的天天已经四年级了，上课时总爱东张西望，还喜欢和身边的同学讲话。老师经常因此向天天的父母"告状"，天天爸爸一直找不到解决的办法，甚至怀疑天天有多动症。

但是天天有时也能非常安静，比如看科幻故事绘本、玩魔方的时候，他能一个多小时不挪窝。

天天的专注力怎么时好时坏呢？怎样才能让他在课堂上专心呢？

天天爸爸参加"清华状元好习惯"家长特训营后，豁然开朗，原来天天是因为性格活泼，加之年龄小，心智发展不成熟等，专注力比同龄孩子弱一些，只要多做科学的训练，专注力水平就会逐步提升。

天天爸爸运用家长特训营导师推荐的专注力训练法，帮助孩子提升专注力，半年的时间里，老师"告状"的次数越来越少了，天天爸爸也不焦虑了。

解决方法

四类专注力训练法，坚持做就有用

下面介绍四类专注力训练法，父母和孩子们在家就能做。

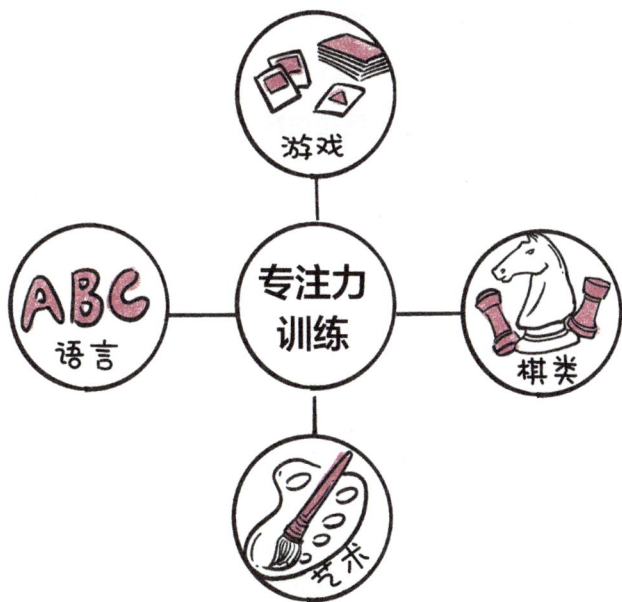

第一类：游戏训练法

　　游戏训练法就是通过趣味游戏，让孩子在玩中提升专注力。常用的游戏训练法包括"舒尔特方格""找不同""搭积木""穿珠子"等。

　　需要注意的是，使用这种方法训练时，父母要和孩子一起参与，孩子会更开心，参与度会更高，训练效果会更好。

　　"舒尔特方格"训练法是目前比较简单有效，也是非常科学的专注力训练方法，可以测量孩子的专注力水平，实际操作也比较简单，大致玩法如下。

第一步：制作舒尔特方格。

在一张白纸上画 5×5 共 25 个方格。

第二步：在方格里填写阿拉伯数字。

在格子内任意填写 1 ~ 25 共 25 个阿拉伯数字。填写时数字顺序是没有规律的，这样的测量效果才会比较真实。

6	11	21	18	9
14	1	5	16	25
8	22	13	24	7
17	10	23	2	20
3	15	19	4	12

第三步：记录数完 25 个数字所用的时长。

训练时，让孩子用手指按 1 ~ 25 的顺序依次指出数字位置，同时读出声音，父母记录所用的时间。指读完 25 个数字所用的时间越短，专注力水平越高。

7~12 岁的孩子，用时少于 26 秒为优秀，少于 42 秒属于中等水平，多于 50 秒说明专注力较弱。

13~17 岁的孩子，用时少于 16 秒为优秀，少于 26 秒属于中等水平，多于 36 秒说明专注力较弱。

如果孩子年龄比较小，25 个方格的游戏有难度，可以先从 9 个方格或者 16 个方格开始训练。

"清华状元好习惯"家长特训营里的很多父母会经常和孩子用"舒尔特方格"进行训练，或者和孩子进行比赛。父母们反馈，孩子专注力有明显的提升。

第二类：棋类训练法

棋类包含围棋、象棋、五子棋、跳棋等。

"清华状元好习惯"合伙人袁老师是成都一家围棋棋院的院长，他教孩子们下围棋，家长反馈孩子们的专注力进步非常明显。

围棋之所以能培养孩子的专注力，主要有以下三点原因。首先在对弈的过程中，棋子的数量是逐渐增加的，孩子们在最简单的局面下展开思考和想象，在不知不觉中有能力应对复杂的局面。

其次，由于所有的棋子都是孩子有意识增添的，存在特殊的使命和任务，因此孩子的专注状态容易保持得更加长久。

孩子更容易在主动而为之的事情上保持专注。

再次，围棋的棋子是黑色和白色的，简单的色彩更容易让孩子保持专注，避免了因为复杂的颜色导致注意力分散。

除了围棋，象棋、国际象棋、跳棋、军棋等也能达到同样的训练效果。父母可以经常和孩子下棋，通过这样寓教于乐的方式来训练孩子的专注力。

第三类：语言训练法

语言训练法主要是通过听觉的训练，来提升孩子的专注力，同时也能提升孩子的记忆力，可以帮助孩子捕捉并记住老师讲课的重要信息。

语言训练法主要就是父母说，让孩子来复述。有以下两种训练方式。

第一种是"字数训练法"。

父母读一段短文，短文里会反复出现同一个字，比如"一"字，父母读的时候孩子要认真听，每听到一个"一"字就记录一次。读完后，让孩子说出短文里一共出现了几个"一"字。

以孩子们都非常熟悉的童话故事《小红帽》为例，父母可以尝试和孩子进行这样的训练，父母先读一遍这个故事：

从前有个可爱的小姑娘，一次，奶奶送给小姑娘一顶用丝绒做的小红帽，戴在她的头上可好看了。从此，小姑娘再也不愿意戴别的帽子，于是大家便开始叫她"小红帽"。

一天，妈妈对小红帽说："来，小红帽，这里有一块蛋糕和一瓶葡萄酒，快给奶奶送去，奶奶生病了，身子很虚弱，吃了这些就会好一点。趁着现在天还不热，赶紧动身吧。在路上你一定要好好走，不要跑，也不要离开大路，否则你会摔跤的，那样奶奶就什么也吃不上了。还有，你一到奶奶家，别忘了说早上好，也不要一进屋就东瞧西瞅哦。"

父母读完短文后，让孩子统计听到了多少个"一"，再对照文章，看是否和短文中出现的次数相同。

也可以用一段随机的数字替换短文，同样是父母读、孩子数，最后统计某个数字一共出现了几次。

第二种是"数字训练法"。

父母可以从四位数开始，随机读几个四位数，比如2847、7592、2063等，让孩子复述。如果孩子能快速准确地复述出数字，就可以逐步增加难度。

一般情况下，6岁以上的孩子至少能复述出九位数。

当数字位数较多，比如八位数以上，父母可以把一系列的数字先写下来，以便对照检查孩子的准确度。

这两种语言类训练法可以交替使用，避免孩子觉得枯燥。

无论是哪种方法，孩子想要得到正确的结果，过程中都需要集中注意力，这就训练了孩子的专注力。

第四类：艺术训练法

艺术训练法是通过乐器、声乐、绘画、书法、跳舞等艺术类的训练，来提升孩子的专注力。

牛牛从 5 岁开始学习小提琴，已经学了 6 年，上课时和学习时的专注力一直保持不错。小提琴老师说："学习小提琴对孩子的专注力训练非常有帮助，因为小提琴是弦乐，没有标注固定的位置，如果孩子不够专注，音就不准，就很难继续学下去。"

其他像画画、书法、跳舞等，无论是哪一项艺术，孩子要想学好，都需要课后大量时间的练习，如果孩子不够专注，就会大大地降低练习的效果，进步就会很缓慢。

如果孩子既在课堂上专心学会了要点，平时练习时也能专注高效地练习，就会在艺术方面表现出喜人的成绩。

可见，在艺术上表现优异的孩子，往往是经过大量专注练习的。

只要孩子能坚持学一项艺术类的特长，对孩子专注力的提升是有很大帮助的。

1. 选择孩子感兴趣的专注力训练方法，在训练中增强亲子互动，孩子会更愿意参与。

2. 在训练孩子专注力的时候，如果有比赛的环节，要让孩子多有"赢"的机会，这样能让孩子更有成就感和动力继续参与训练。

3. 训练贵在坚持，每天坚持10~30分钟专注力训练，从量变到质变。

亲子练习

用四类专注力训练法训练孩子的专注力

请尝试用这四类专注力训练法训练孩子的专注力，坚持观察21天／30天／100天／365天，并记录孩子专注力的提升情况。

2.3 易执行的"微习惯"，让专注成为习惯

> "微习惯"帮助孩子更快地养成好习惯。

思考

孩子在成长过程中，有哪些"微习惯"是坚持得比较好的?

A. 每天晨读 20 分钟

B. 每天坚持做 20 道计算题

C. 每天坚持早睡早起

D. 每天坚持写一篇日记

E. 每天坚持一项运动，至少 20 分钟以上

F. 其他，请写下来_____

你的答案是_____

洋洋英语成绩优异的秘密

洋洋在小学四五年级的时候，陆续通过了剑桥英语 KET、PET 考试。

很多父母慕名前来咨询洋洋英语学习的秘诀。洋洋妈妈说，洋洋英语学得好，主要是因为养成了坚持每日学习英语的"微习惯"，而且学习的时候专注又高效。

语言类的学习，坚持每日"听说读写"非常重要。

为了备战英语考试，妈妈和洋洋约定的每日"微习惯"如下。

- 背 15 个单词，约 10 分钟。（A 类任务）
- 做 20 道同步真题，约 20 分钟。（A 类任务）
- 阅读英文原版书籍，约 30 分钟。（B 类任务）
- 进行 AI 口语一对一练习，约 10 分钟。（C 类任务）

A 类任务是当天必须完成的项目，如果有特殊情况，比如当天课内作业较多，或者临时要参加其他活动，又或者快期末考试需要更多复习时间等情况，B 类和 C 类任务可以减量或者不做。

什么是"微习惯"呢？

顾名思义，**就是每天在固定时间段，做一些固定的、时间比较短、任务比较简单的微小事情**。以 5~15 分钟可以完成为宜，最好不要超过 30 分钟。比如每天早起读 20 分钟书，或者睡前做

10 分钟的学习复盘等。

　　和孩子约定 5~15 分钟可完成的"微习惯"，从孩子的内心感受来说，负担不大，很容易就能做到。孩子为了能快速完成，就能集中注意力。一旦孩子完成了约定，就会获得成就感，更容易坚持下去，从而形成了良性循环，也就养成了"微习惯"。

　　"微习惯"虽小，却见微知著。

解决方法

"TTC"三步法，约定监督要做好

　　如何让孩子乐意并坚持执行"微习惯"呢？"清华状元好习惯"家长特训营的导师们研发了"TTC"三步法，家长和孩子们实践后效果很好。

任务　　　　时间　　　　沟通

第一步：设定一个任务 "task"

"微习惯"能得以坚持，关键是约定的任务是"小任务"，而不是"大任务"。对小学阶段的孩子来说，"小任务"可以是每天学习 5~15 分钟，例如：

（1）语文

· 写 5 个生字，每个生字写 5 遍。

· 写一篇 100 字的随笔或者日记。

· 阅读一篇文章，写下 5 个好词好句。

· 背诵一首诗或者一篇文章。

（2）数学

· 做 20 道计算题。

· 平时做 3 道数学思维训练题，周末或者假期做 6 道数学思维训练题。

· 当小老师，给家长讲一道数学题。

（3）英语

· 学 10 个新单词，复习 10 个已学过的单词。

· 做 3 个常见语法的练习。

· 阅读一篇英语文章，标注重点。

· 默写 10 个英语单词。

第二步：设置合适的时间"time"

在设置时间的时候，时间要短，不要长。因为时间越短，孩子的专注力就越好，就越能坚持。

建议时间设置为 5~15 分钟，效果会比较好。

如果是"大任务"，比如需要 40~60 分钟完成的任务，建议一周安排 1~2 次即可，这样孩子不容易抗拒。在"小任务"的执行过程中，先约定时间，然后使用时间管理工具来监督孩子完成。

第三步：约定与沟通"communication"

为了愉快地完成这些"小任务"，父母要和孩子做好约定和沟通。

在和孩子沟通的时候，不建议父母这样说：

☒ "你每天必须背 20 个单词，不背完就不能睡觉。"

☒ "每天至少要做 30 道口算题。"

☒ "你每天必须写一篇日记，不写完不能睡觉。"

换位思考一下，如果你是孩子，父母用这种方式和你沟通，你是否也会不喜欢、不接受？

这样做出的不是"约定"，而是"命令"，孩子往往是被动的执行者。

建议父母可以这样和孩子沟通：

☑ "乐乐，你愿意每天背 10 个单词，还是 15 个单词？"

☑ "数学口算题，你每天做 20 道，还是 30 道？"

☑ "欣欣，日记最好每篇 100 字，周记每篇 300 字，你愿意每天写一篇日记，还是每周写一篇周记？"

可以根据任务与孩子约定相应的小激励。比如，涵涵每天坚持阅读英文 30 分钟，妈妈为了激励涵涵，当他坚持 21 天、100 天、365 天的时候，设置了不同等级的奖励。

这种激励会让涵涵非常有动力，从而主动坚持每天阅读英语。

敲重点

1. 微习惯重点在于"微"，时间短、任务小、压力小。

2. 需要提前和孩子做好约定，父母千万不要一言堂。

3. 微习惯的小任务一般安排在学校作业之后完成。如果时间充裕，可以穿插完成；如果时间紧张，一定要先完成学校作业。

2.4 兴趣、鼓励、成就，让孩子专注的三要素

" 兴趣是起点，鼓励能坚持，成就带来动力。"

（思考）

目前孩子对语数英的兴趣指数是多少分？

可以用 1~10 分来衡量，1 分代表没有兴趣，10 分代表非常有兴趣。

语文_____

数学_____

英语_____

你的答案是_____

不喜欢的课程萌萌不爱学

"兴趣是最好的老师"，爱因斯坦的这句话已经被无数父母验证过。

萌萌读四年级，她对语文非常感兴趣，所以语文成绩很好，特别是作文。她的文章言之有物，行文流畅，用词准确，生动有趣。因此，她被同学们投票选为语文课代表。

可是萌萌特别不喜欢数学，每次上数学课，她内心就产生反感和排斥。老师讲课时，她就在书上或者纸上涂涂画画。所以，她的数学成绩一直不理想。

可见，兴趣在孩子的学习中扮演着极其重要的角色。只有当孩子对所学的内容感兴趣的时候，他才会主动去探究、思考。

是不是只要有兴趣，孩子就能长期保持对学习的热情和专注呢？其实不然。据调查，大部分上课专注的孩子，他们不仅对这门学科有兴趣，而且还得到足够的鼓励以及成就感，这让他们在学习的过程中持续地产生愉悦的心情。这种心情会激发他们重视这门课程，上课时更加专注，从而产生良性循环。

解决方法

专注三要素，缺一不可

要想让孩子学习时更专注，兴趣、鼓励、成就三要素缺一不可。

兴趣　　　　鼓励　　　　成就

第一要素：兴趣（interest）

想让孩子学习时更专注，**首先得让孩子对所学的内容感兴趣，有探索欲。**

对于不同学科，有的孩子天生喜欢、有兴趣，有的恰好相反。对于后者，父母需要加以引导，培养孩子的学习兴趣。

比如，洋洋对语言学习很感兴趣，所以她上英语课就很专注，紧跟着老师的节奏，经常举手回答问题，英语成绩也比较突出。

对于像洋洋这样，主动对学科产生浓厚兴趣的孩子，父母只需要帮助孩子合理规划好时间、做好学习计划并坚持就可以。

而有的孩子，对任何学科都没有表现出特别的兴趣，这个时候就需要父母通过引导和培养，来帮助孩子找到学习的兴趣点。

比如，乐乐刚开始不喜欢写作，也不擅长写作。为了帮助他爱上写作，乐乐妈妈想了一个好方法。乐乐妈妈通过观察发现，乐乐虽然不喜欢动笔写，但是他很喜欢说，妈妈觉得乐乐很有语言表达的天赋。于是妈妈就让乐乐"说作文"，并录制下来，再用软件把音频转换为文字。

乐乐看到自己说出来的文章变成了文字，非常有趣。经过一段时间"说作文"的练习，乐乐开始喜欢动笔写作文了，而且老师和同学们都反馈他写的作文与众不同、文采飞扬。从那以后，乐乐不但不讨厌写作，还对写作越来越着迷。

对于像乐乐一样对学科没有兴趣，甚至是厌恶的孩子，则需要父母多观察孩子的学习及行为习惯，发现孩子的优势和特长，然后通过游戏或者结合兴趣点的形式，激发孩子对学科的兴趣，从而达到主动、专注学习的效果。

第二要素：鼓励（encouragement）

很多孩子虽然某科成绩当下不突出，但是也能很认真地学习，这是由于孩子有足够的外界激励或者自我激励。

亮亮在数学方面表现不是很突出，但他依然很认真地上数学课，因此亮亮的数学成绩一直在提高。

这是因为亮亮爸爸一直在鼓励他。爸爸告诉他："数学是有点儿难，但你一直在努力，也在进步，你已经掌握了正确的学习方法。你可以继续用'小飞'（讯飞 AI 学习机）的数学模块，找到薄弱知识点，坚持练习，数学成绩就会越来越好！"

和孩子分享父母自己的一些实际经历，对孩子来说也是一种鼓励。

妈妈经常和洋洋分享一件让她终生难忘的事：洋洋妈妈上重点高中的时候，上课经常走神儿。到了课后休息的时候，因为担心作业没做完，玩得也不开心。

玩没玩好，学也没学好，这让洋洋妈妈的挫败感非常强。

洋洋妈妈的同桌是个"学霸"，每天晚上 9:30 就能上床睡觉，她做作业很高效，而且成绩也特别好。洋洋妈妈特别羡慕，于是向她请教学习秘诀。

学霸同桌告诉洋洋妈妈，在上小学的时候，她的老师非常注重培养同学的专注力。这位老师经常说："只要同学们上课能百分之百地专注，跟上老师授课的节奏，成绩就能非常优秀！"

学霸同桌的这番话让洋洋妈妈记忆深刻，所以她会经常把这个故事说给洋洋听。值得庆幸的是，洋洋听进去了！

有几次，妈妈坐在教室后面观察洋洋上课的状态，发现洋洋在上课的过程中，始终紧跟老师的授课思路，而且踊跃举手，积极发言。妈妈对洋洋说："我看到你上课时，专注投入、踊跃举手、积极发言的状态，我仿佛又看到了高中同桌'学霸'专注上课的认真劲儿！"

洋洋听了妈妈的鼓励以后，非常开心，学习的劲儿更足了。洋洋妈妈相信，上课专注学习的好习惯已经深深地刻在他身上了！

应该如何鼓励孩子呢？

父母可以常跟孩子说以下这样的话。

"我看到你写作业的时候很专心，刚才弟弟在旁边大声说话你都没分心。"

"虽然背书有点儿难，但是我相信你只要多读几遍，15分钟后就能背下来。"

"妈妈小时候上课也有过分心的时候，只要你察觉到自己分心了，马上提醒自己要听课就好了。"

"妈妈看到今天的笔记本里记了很多课堂笔记，没有随手涂鸦，你一定是很专心地听课了。"

第三要素：成就（achievement）

孩子在学习的过程中，非常需要正向的反馈。学习带来的成就感就是很好的正反馈，可以促使孩子在正确的事情上实现正循环。

父母千万不要训斥孩子，比如用"比较"的方式训斥孩子："你怎么回事，这次语文还没有小米考得好？"

也不要伤害孩子的自尊心，比如："你看看你这次数学考得那么差，以后怎么考高中考大学，干脆去捡破烂得了！"

这些训斥会让孩子没有成就感，对学习的兴趣也会减少，而且会影响孩子的学习专注力。

当孩子出现问题的时候，父母可以指出孩子的问题和错误，要和孩子一起面对问题，找到解决方法。

父母还可以让孩子跟自己比，看看这段时间比前段时间在哪方面有进步，引导孩子找到自己的"闪光点"，这样孩子就会更有自信，学习就会更专注。

比如，对于孩子的考试，可以挖掘到这些"闪光点"：

☑ "这次考试，妈妈发现你的字写得很工整，特别好！"

☑ "你还能留出10分钟检查试卷，时间把控越来越好啦！"

☑ "最后一道附加题非常难，你做出来了，太赞啦！"

如果父母能坚持用找到"闪光点"的方式来评价孩子的学习，孩子就能不断地获得成就感，就会对学习越来越感兴趣，上课就会更专注了！

敲重点

1. 父母要多观察孩子的学习兴趣，有兴趣的学科要重点培养；兴趣不大的学科，也要帮助孩子逐步培养兴趣。

2. 多观察孩子的"闪光点"，给予孩子更多的正向反馈。

3. 培养孩子学习兴趣的有效的方法，就是让孩子在学习上有成就感。

第3章

高效完成作业，
让孩子越来越自律

3.1 应对孩子写作业粗心马虎的"三板斧"

❝ 粗心，是求知的大敌。❞

思考

回忆一下，孩子在写作业的时候，会出现哪些粗心马虎的情况。

A. 看书、读题时，经常漏字、串行

B. 加减号经常看错

C. 没有读完题目就开始做题，一做就错

D. 抄错数字、生字或单词

E. 其他，请写下来＿＿＿＿＿＿＿＿＿＿＿＿＿

你的答案是＿＿＿＿＿＿＿＿＿＿＿＿＿＿＿

经常看错题、抄错题、漏题，怎么办

四年级的轩轩，无论是写作业还是考试，都特别粗心，经常看错题，比如把"+"看成"−"，抄题目时少写一个 0，把 6 抄成 9……最近他数学考试又考砸了，不是不会做，又是因为看错题、抄错题和漏题。

轩轩爸爸说："我该说的也说了，该骂的也骂了，还是没有什么效果，孩子这么粗心马虎，我都不知道怎么办才好。"

像轩轩这样的情况，在小学阶段很常见。在学习中出现粗心马虎的现象，大致有以下三个原因。

1. 生理原因——学习时长超出注意力集中时长

有的孩子粗心，是生理原因导致的。比如七八岁的孩子（小学一二年级），他们学习时的专注时长只有 15 分钟左右，一旦超出了这个时长，就容易分心走神，出现粗心的情况。

有的孩子粗心，是视知觉能力发展失衡导致的。这里说的"视知觉"是把眼睛看到的信息传递到大脑，大脑对信息进行加工处理的过程。例如，孩子看到数字 86，认真抄写时，却抄成了 68，这就是视知觉能力发展失衡的表现，容易被判断为粗心大意。

2. 心理原因——批评导致的消极心理暗示

很多父母习惯用成人的认知水平要求孩子，一看到孩子写作业粗心、出错就立刻指责批评，无意中不停地给孩子贴上负面的评价标签，这样会对孩子产生消极的心理暗示。

比如父母一看孩子粗心做错题，就立刻批评："这道计算题说 y 是 x 的 3 倍，就是 y 等于 x 乘以 3，你居然写成了 x 等于 y 乘以 3。你怎么这么粗心呀，眼睛长哪儿了？"

这种沟通方式会给孩子带来消极的心理暗示，让孩子自我评价比较低，认为自己就是这么一个粗心的人，在写作业过程中就更容易出现粗心的现象。

3. 行为原因——孩子没有养成细心的好习惯

很多父母往往只关注孩子的考试成绩，或者写作业的结果，却忽略了培养孩子细心的习惯。

学习在于积累，而细心在于观察。

孩子在写作业时，父母没有引导孩子怎样先观察，再动笔，怎样读懂题意，怎样用好草稿纸检查结果等，孩子在下一次写作业时，依然按固有的模式进行，粗心大意的习惯就一直改不了。

解决方法

"三板斧"应对写作业粗心马虎

假如孩子有以上三种原因导致的粗心马虎的情况，也不必太焦虑，学会运用应对写作业粗心马虎的"三板斧"，就能很好地解决这个问题。

刻意练习　正向鼓励　条理有序

刻意练习，解决生理问题导致的粗心

生理问题导致的粗心大意比较容易解决，让孩子在专注时长范围内，做到专注写作业就可以了，超过时长可以让孩子适当休息，调整后再继续。

针对视知觉能力失衡导致孩子粗心大意的情况，父母可以通过刻意练习来提升孩子的视知觉能力，进而减少由此带来的粗心大意的现象。

这里分享一个趣味游戏：连连看。

父母提前准备一张 A4 纸，上面杂乱无章地写上阿拉伯数字1~30，让孩子按照从 1~30 的顺序快速连线。

父母还可以把数字排列得更有意思，让孩子按照一定的顺序连线，正好连成一种动物或生活物品，如下页图所示。

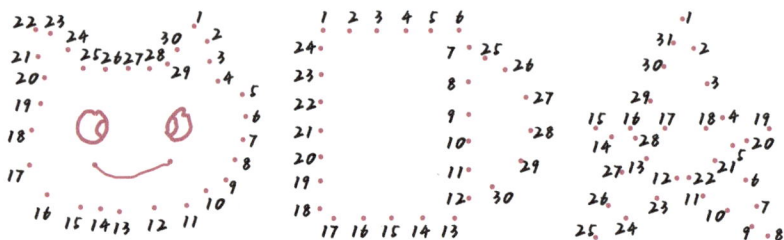

可以根据孩子的年龄，适当增加或减少数字，真正做到灵活运用。经过一段时间的刻意练习，孩子的专心程度会大大提升。

正向鼓励，解决心理问题导致的粗心

当孩子粗心时，父母改变一下思维方式，围绕孩子的细心做文章，也是一个不错的办法。

孩子粗心马虎时，父母要提醒改正，同时多对**孩子的细心给予肯定，给孩子积极的心理暗示**，不停地强化孩子做得好的地方。这样，孩子就会更认可自己的行为，从而越来越自信，越来做得越好。

依依的妈妈是这么做的。有一次语文测试有这样一道题：请在上面短文中找出"眉开眼笑"这个词的近义词。依依很细心地找到了"开怀大笑"，但班里很多同学都是自己写的，没有在文中找。

依依妈妈看到了，高兴地说："依依，老师告诉我班里只有几个同学做对了，你很细心，是在文中找的。"

依依妈妈不单在语言上鼓励，还在家里的墙壁上贴了一张"细心表"记录依依的进步。依依每次表现得细心，妈妈就给她贴一朵小红花，当小红花满 10 朵时，妈妈就会给她一次物质奖励，比如，带她买一个喜欢的玩具，或去吃一次自助餐等。这样坚持一段时间，妈妈发现依依写作业越来越细心了。

条理有序，解决行为问题导致的粗心

想要孩子避免抄错题、跳行漏字等粗心的行为，就要教会他们细心答题的技巧。

读题目的时候，要边读边把关键词标记出来。不要匆匆忙忙地扫一眼，就按照自己理解的意思来答题。

打草稿的时候，把数字抄下来之后不要马上进行计算，而要回头看一眼题目，对一对数字是否抄对了。同时，草稿纸也要按答题顺序使用，按步骤一步一步往下计算，便于回头检查发现问题。

检查答案的时候可以用倒推法，比如 3+5=8，检查时就用 8 减 5，看看是否和题目中的数字一致。

另外，孩子的生活井然有序，对孩子的学习也有很大帮助。

很多父母以为，孩子学习好就行了，每天除了学习什么都不用干。其实，生活中将各种事物整理得有条不紊的技能，也是孩子要学习的。孩子在生活中杂乱无章，在学习时又怎么能井井有条呢？

父母要带着孩子一起培养生活中的好习惯，让孩子的生活变得有条理，潜移默化中，孩子学习时会变得井然有序，做题也会更细心。

比如，让孩子养成自己管理物品的好习惯，上学时就不会丢三落四。

小学生"物品管理"自查表

类别	事项内容	例行检查					
		周一	周二	周三	周四	周五	备注
书包	书本						
	作业本、辅导资料						
	笔袋						
必备品	水杯						
	眼镜						
	红领巾						
	手表						
	老师要求的其他物品						

说明：让孩子按要求检查，并在对应的格子内打√，针对一年级的小学生，父母先协助检查，慢慢让孩子学会自查，养成好

习惯。

提醒：让孩子前一天晚上做好作业后，自行把书包收拾好，养成及时收拾书包的好习惯，父母做好监督。

读者也可以联系魏华老师，领取"物品管理"自查表的电子文件。

其他好的行为习惯表，父母也可以参考上述表格自行设计。

有章可循，才能井井有条。孩子养成了做事有秩序、有条理的好习惯，无论学习还是生活都会受益匪浅。

学完本节内容，父母用好这"三板斧"，就能帮孩子把粗心的毛病连根拔起了。

敲重点

1. 视知觉能力失衡导致的粗心大意，可以通过刻意练习改善。

2. 粗心有可能是被骂出来的，父母要多表扬孩子的细心。

3. 当孩子做事情有章可循的时候，就更容易做到井井有条。

3.2 20秒启动法，写作业不拖延

" 要改掉拖延的习惯，
就要降低启动这件事情的难度。"

思考

孩子写作业前有以下哪些现象？（可多选）

A. 到了约定时间，要提醒好几遍才很不情愿地走到书桌前

B. 刚坐下来，又要离开座位出去找东西

C. 在书桌上东摸西摸，迟迟不能进入写作业的状态

D. 其他情况，请写下来_____

你的答案是_____

为啥一到写作业时间，孩子就磨叽

爸爸妈妈很希望萌萌晚餐后早点开始写作业，可最近遇到了这样的困惑："我们一叫萌萌去写作业，萌萌就说'等会儿等会儿'或者'马上马上'，催了好几次后，她磨磨蹭蹭地走进书房，刚坐下马上又起来，说想喝口水再写，喝完水又说要吃点水果。"

萌萌爸爸妈妈忍无可忍，生气地吼了萌萌"你给我快点"，萌萌才极不情愿地坐下来写作业，这一番折腾，30 分钟已经过去了。

像萌萌这样的情况，很多家庭都会遇到。父母可以使用 20 秒启动法，引导孩子快速进入写作业状态，不浪费时间。

解决方法

20 秒启动法

心理学家肖恩·埃科尔提出"20 秒法则"，意思是如果一件事的启动时间少于 20 秒，那么，这件事就很容易执行并完成。孩子写作业也是如此。

要想让孩子遵循"20 秒法则"，快速进入写作业的状态，父母可以引导孩子做好以下三个步骤。

第一步：约定作业启动的时间

父母可以和孩子约定开始写作业的时间，让孩子心中有数。

例如，依依每天下午 5:30 放学回家，妈妈提前和她沟通："一会儿 6:00 开始吃晚饭，饭后休息一会儿，你是从 6:45 开始，还是 6:50 开始写作业？"依依选 6:50 开始，妈妈会和依依拉钩确认。

孩子自己选择的约定，更容易执行。

同时，要使用闹钟提醒时间，否则到点了孩子不知道。依依妈妈就设置了两个响铃时间，一个是 6:45，另一个是 6:50，这两个时间都是提醒依依马上要开始写作业啦。

如果到了 6:50，依依还没有坐到书桌前，妈妈会提醒她："依依，现在几点啦？该做什么事啦？"以此来提醒依依遵守约定。

约定，能让父母的提醒和监督更有效。

第二步：降低启动难度，把大目标分解成小目标

有的孩子就算坐在书桌前，也迟迟不肯开始写作业，是因为面对一天的作业，他感觉压力太大了。

这时，父母就要帮助孩子降低难度，让孩子乐意快速进入状态。

降低启动难度，就是指父母和孩子一起梳理出当天的"作业顺序"，把简单的、孩子容易完成的作业放在前面，把难的、孩子不会写的作业放在后面。

先易后难，更易执行，孩子写作业更容易开始。

父母还可以引导孩子把大任务分解成小任务，孩子会更容易接受。比如轩轩的家庭作业，妈妈和他进行了这样的分类。

（1）朗读类：读 1 篇课文，背诵 2 首古诗。

（2）抄写类：5 个语文生字各写 3 遍，3 个英语单词各写 5 遍。

（3）计算类：做 10 道口算题，2 道应用题。

按学科进行分类，语文、英语要先"读"后"抄"，数学要先"口算"后"应用题"，由易到难，逐步完成。

进行了这样的划分，孩子就可以自己选择先做哪一类作业。这样做的好处是，同一类中可能包含了不同学科，孩子能进行交替学习，可以保持更长时间的专注。

第三步：做好写作业前的准备

有所准备，才会事半功倍。

为了让孩子快速进入写作业状态，要提前做好准备，可以做以下几点。

（1）收拾书桌。

让孩子把书桌收拾干净，书桌上剩余的物品不超过三样。避免书桌上的物品多，给孩子制造分神的机会，导致孩子迟迟不能进入写作业状态。

（2）准备书本文具。

为避免孩子写作业时，因找不到橡皮、书本，铅笔断了要削等事情而浪费时间，导致迟迟不能启动，要让孩子提前拿出文具盒，找出各科课本、作业本，削好铅笔等。

（3）提前上洗手间。

为避免孩子写作业前总要起身离开座位，要让他提前上洗手间，提前完成各种杂事。

运用本节介绍的 20 秒启动法，孩子就能快速进入写作业的状态啦。

敲重点

1. 一件事的启动时间少于20秒，这件事就很容易执行并完成。

2. 让孩子先做自己喜欢的、简单的、容易做到的。

3. 减少反复启动，把作业按类型合并，一次性做完类型相同的作业。

3.3 "GAT"三步法，让孩子专注写作业

> " 天才，首先是注意力。
>   ——乔治·居维叶 "

(思考)

你的孩子写作业拖拉磨蹭，有哪些原因？

A. 父母没有培养孩子迅速进入专注写作业的习惯

B. 父母总催孩子，给孩子造成了负面心理暗示：我就是这么拖拉

C. 孩子没有掌握作业所对应的知识点，得边写作业边翻书

D. 孩子写作业没有计划，边写边玩

E. 孩子在拖拉中寻找掌控感：看，我至少能让这件事情不在你们
   的控制中！

F. 存在环境干扰，孩子无法集中注意力

G. 每次孩子写完作业，父母都会给孩子"加料"，不让孩子玩。为
   了少做一点儿额外的作业，孩子就拖拖拉拉了

H. 其他情况，请写下来＿＿＿＿＿＿＿＿＿＿＿＿＿＿＿＿＿＿＿

你的答案是＿＿＿＿＿＿＿＿＿＿＿＿＿＿＿＿＿＿＿＿

投入百分之百的专注，才能得到好成绩

2022 年北京冬奥会上，18 岁的天才少女谷爱凌火了，不仅仅只是因为她在滑雪赛场上取得 2 金 1 银的骄人成绩，还有她头顶的"学霸"光环。为了备战奥运会，她提前学完高中课程，并以高分被美国斯坦福大学录取。

谷爱凌在采访中说，自己从小就养成了一个非常好的学习习惯，就是专注。她说："我要是写作业的话，就是用百分之百的精力去做，然后用百分之百的时间去滑雪。这样我就能滑得最好，在学校又能得到最好的成绩。"

谷爱凌说的"专注"，其实并不是难以做到的事。用下面介绍的"GAT"三步法，就能帮助孩子高效专注地写作业。

解决方法

让孩子专注写作业的"GAT"三步法

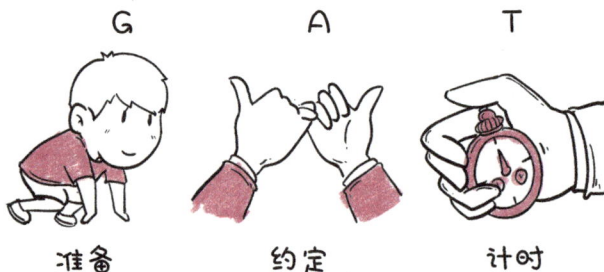

G	A	T
准备	约定	计时

第一步：做准备（get ready），帮孩子完成预热

在"清华状元好习惯"家长特训营中，我们做过这样一个统计：孩子写作业时，有没有提前让孩子做好准备？

80%以上的父母回复"没有"。这些父母觉得，做作业还要准备什么，坐下来拿起笔就能写呀！

其实不然。无准备，不开始。

孩子开始做作业之前，如果能有一个相对固定的"准备仪式"，就能很好地避免在写作业过程中，专注度受准备不足的影响。有时看似无关紧要的一个微小行为，却对结果有着举足轻重的影响。

"准备仪式"很简单，做好以下三项工作，就能解决孩子写作业拖拉磨蹭的问题。

第一项：准备学习用具。

列一个写作业所需的物品清单，孩子每天写作业前，按照清单准备。

（1）作业登记本。

（2）课本、作业本、练习册、草稿本等。

（3）三支削好的铅笔（如果只有一支，断了要削；如果只有两支，很快会写秃；三支刚刚好）。

（4）橡皮。

（5）尺子。

（6）水杯。

（7）计时器。

除了这些，桌上什么都不要再放了！

物品放得多，无形中给孩子"制造"了分神的机会。

第二项：让孩子决定写作业的顺序。

很多父母会干涉孩子写作业的顺序。有的孩子不喜欢数学，把数学作业放到最后写，父母一看就急了："每次数学作业都拖到最后写，早点把数学做完，后面的作业就快了啊。"父母这样一插手，孩子不乐意了，不但不会按要求先写数学作业，还会产生负面情绪，待恢复好心情，又过去了很长时间。

父母与其干涉，不如放手。

把决定写作业的顺序的权利交给孩子，让孩子来决定先写哪门课的作业。父母可以引导或者给建议，这样就可以避免出现孩子不乐意执行的情况。

第三项：规定作业时长。

在开始写作业前，让孩子规划写作业的时长。

对于写作业的时长，父母可以辅助孩子依据作业的难易程度进行预估，每项作业耗时最好不要超过一个"番茄钟"（25分钟）。因为一旦超过，孩子的专注力就会下降，容易坐不住了。

预估时长还有一个好处是，孩子觉得压力比较小，而且暗中会有一种好胜心：只需要25分钟，我就可以完成语文作业！完成后，孩子会充满成就感。

第二步：约定（arrange），建立契约，让孩子参与执行

轩轩上四年级了，妈妈常常这样对他说："每天晚上 8 点前写好课内作业，这是你答应过的，必须执行。"可是，孩子压根儿不买她的账啊，每天晚上依然磨磨蹭蹭拖到 10:30 才能勉强完成作业。

后来，在"清华状元好习惯"家长特训营中学习时，轩轩妈妈知道问题出在哪里了。她说："我才发现，之前跟孩子的约定，不叫'约定'，而是我'一言堂'的决定啊。"

在生活中，很多父母也跟轩轩妈妈一样，打着"约定"的旗号，剥夺了孩子自己做主的权利。

于是轩轩妈妈尝试用"清华状元好习惯"家长特训营讲授的方法跟孩子进行约定，果然得到了孩子的配合。

她跟孩子说："轩轩，今天的作业，你打算在 8:15 之前完成，还是 8:30 完成呢？" ■————————（给孩子选择的权利）

孩子很开心地选择了晚上 8:30 之前完成。

妈妈又说："如果你写作业的速度慢了点，或者一玩儿忘记了，你希望我用什么暗号提醒你？" ■————————（暗号代替催促，尊重孩子的选择）

轩轩用食指和中指比了一个"V"形姿势。

果然，轩轩不到 8:30 就完成了所有作业，还有足够的时间做手工。 ■————————（父母也要遵守约定，不能因孩子提前完成作业而"加料"）

妈妈还问轩轩："你是怎么做到提前 10 多分钟完成所有作业的呢？" ■ ·· 让孩子有成就感

后来，妈妈和轩轩就这些约定的内容签订了契约，还约定每天晚上轩轩按约定的时间完成作业后，妈妈给轩轩打分（60~100分）。当然，妈妈也要执行契约：每晚看两页书，轩轩给妈妈打分。契约先执行一周，如果执行得不错，下周继续执行。

契约清单（＿＿日—＿＿日）

序号	内容	完成时间	执行人	得分
1	完成家庭作业	20:00前	轩轩	
2	每晚看两页书	20:00前	妈妈	

轩轩签字：　　　　　　　　　　妈妈签字：

日　　期：　　　　　　　　　　日　　期：

经过这样的约定和签订契约，互相督促、鼓励和支持，妈妈和轩轩一起，轻松坚持了一个多月，轩轩慢慢养成了主动、高效写作业的好习惯。

约定的前提，是互相尊重。这样的约定才是"有效"的约定，才利于执行和监督。

第三步：计时（time），巧用计时器，孩子做作业更高效

小学阶段的孩子，时间感知能力还不够，总想着反正时间还多着呢，没有紧迫感，所以容易出现拖拉磨蹭的情况。

建议父母为孩子选购一个计时器，可以是电子钟，也可以是番茄时钟、沙漏等，然后放在孩子书桌上。当可以"看见"的时间和孩子当下做的事情直接关联起来的时候，孩子会有一种心理暗示："和时间赛跑，要快点啊。"孩子自然就会把注意力放在写作业这件事情上了。

让孩子先从专注 20 分钟开始，20 分钟之后，休息 5 分钟，再开始写作业。通过训练，如果孩子专注的时间越来越长，可适当延长计时器的时长。

以上就是"GAT"三步法，父母可以参考上述的方法尝试使用。

1. 提前做好准备，是避免孩子中途为坐不住找借口的有效办法。

2. 尊重孩子，建立契约，鼓励执行。

3. 让孩子"看见"时间和写作业之间的关系，能加快完成速度。

亲子练习

用"GAT"三步法，让孩子高效写作业

运用"GAT"三步法，引导孩子完成当天的作业，观察孩子写作业的时间比之前缩短了多少。

也可以添加魏华老师的微信，发送"契约清单"，领取契约清单的电子文件。

3.4 三种作业检查法，让孩子不丢冤枉分

"检查，是分数的最后一道防线。"

写完不检查，白丢冤枉分

欣欣把老师批改完的数学作业带回家，妈妈翻开一看，呀！竟然错了一大半！妈妈仔细一看，打红叉的部分，并不是欣欣不会，大部分是没有仔细检查造成的。

比如有一道计算题，16×25，答案应该是 400，欣欣写成"40"。另外一道计算题，$736+200-36$ 应该等于 900，欣欣愣是把"+200"看成"-200"，最后她的答案是 500，又错了。还有一题是求面积的应用题，答案应该是 64 平方米，她写成 64 米。

这次，妈妈并没有像以前一样狠狠地批评和指责欣欣，而是把在"清华状元好习惯"家长特训营学到的"三种作业检查法"分享给欣欣，带着欣欣一起实践如何更好地检查作业，提高写作业的正确率。

下面介绍的三种检查作业的方法，这些方法非常实用，建议父母和孩子一起实践。

三种作业检查法，从趣味到习惯养成

第一种："警察抓小偷"趣味作业检查法

低年级的孩子以具象思维为主。所以，在引导低年级的孩子养成检查作业的习惯时，父母如果一味地跟孩子说"要检查作业""好好检查作业"，大部分孩子是不理解具体的含义的。

假如，把检查作业变成一个有趣的游戏，比如"警察抓小偷"，那孩子就会联想起动画片里警察是如何抓小偷的，他就很愿意把这个游戏用在检查作业上了。这就是心理类比的妙用。

"警察抓小偷"趣味游戏，具体有以下三步。

第一步："警察"抓"小偷"。

让孩子扮演"警察"，孩子一想到自己变成了警察的形象，就会严肃认真对待。那小偷是谁呢？当然就是答题中的错误啦。

每当孩子写完作业，或做完试卷后，就让孩子来扮演警察。为了增加趣味性，父母还可以模仿一个报警的场景，给孩子"打报警电话"："警察您好，我这里在举行一场大型的活动，现场有很多人，我怀疑有小偷，您能过来帮我一个一个地排查吗？"父母可以告诉孩子，"小偷"就在每道题目里，要仔细把它们找出来。

接下来，"警察"（孩子）上场了。"警察"要一题一题地检查，如果检查出错误，就立刻把这个"小偷"抓住。

第二步："警察"审"小偷"。

"小偷"被抓到后，"警察"就要认真地把"小偷"审一番。审"小偷"，就是要把错误擦掉。一定要让孩子擦干净，保持卷面或作业整洁干净。

第三步：让"小偷"改"邪归正"。

审完"小偷"，也就是擦掉错误的答案后，就要引导"小偷"改邪归正，也就是让孩子写上正确的答案。

"抓""审""改"是连贯的，找到一道错题，就立刻改正，然后再继续往下检查。

经常和孩子玩这个游戏，慢慢地就能培养出孩子独自检查作业的好习惯了。

参加"清华状元好习惯"家长特训营的多多妈妈反馈，多多非常喜欢用"警察抓小偷"的方式检查作业，慢慢地养成了检查作业的好习惯，期末考试时还检查出了两个错误，最终"捡回"了6分，成绩顺利进入班级前三。

"警察抓小偷"这个游戏除了能解决检查作业的问题，还能帮助孩子培养独立解决问题的能力。

因为这个游戏用到了叙事疗法的核心技术——外化。它的作用，是把人与问题分开来。

一般情况，孩子做错题，父母会批评孩子，但在这个趣味游戏将做错题与孩子分开了。这能让父母和孩子都能意识到，**不是孩子有问题，只是孩子遇到了问题。**

如果父母使用外化这个技巧，能将孩子从问题的标签中解放出来，并使他们"有能力解决问题"，在潜移默化中，也培养了孩子独立解决问题的能力。

一个办法，一举多得。

第二种：检查作业三步法

高年级的孩子慢慢地具备了一定的抽象思考的能力。

此时，如果还让他们用"警察抓小偷"的游戏来检查作业，他们会认为非常幼稚。这时可以给他们引入更加稳重的检查作业三步法。

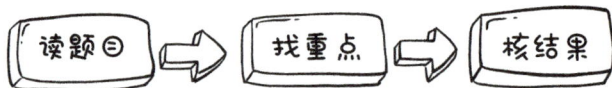

读题目 ➡ 找重点 ➡ 核结果

第一步：读题目。

完成的题目，用手或草稿纸把已经写好的答案遮起来。然后，像第一次审题那样，用手指逐字逐句地指读，这样避免漏字、跳行。

第二步：找重点。

在指读的过程中，找到重点信息或者关键词，用笔标记出来。有的题目有多个关键词，要从左往右找全。

第三步：核结果。

在前两步的基础上，再次答题，然后核对结果。比如，检查数字和符号抄写是不是正确，结果是否准确，由上一步能否推出下一步等。

检查时，还要注意看字和格式是否正确，汉字、字母、数字、格式有没有写错。

步骤看似简单，实则一步都不能少。习惯的养成，往往在于重视细节。

第三种：检查数学作业的"五看法"

检查数学作业，可以引导孩子使用"五看法"，具体如下。

一看：认真看题审题，用铅笔标注"关键词"。

二看：看清数字、符号，不要抄错。

三看：看运算的细节过程有没有错误。

四看：看答案是否符合逻辑。

五看：看还有没有其他解题方法。

亮亮妈妈反馈说，自从亮亮学会了检查数学作业的"五看

五看法

法"，数学作业的准确率大大提高，期末考试时，数学还考了满分。

以上这三种作业检查法，父母可以引导孩子去尝试使用。当对写作业要检查的指导，从说大道理转变成告诉孩子具体怎么做后，孩子一定会从中获益，并有效地养成良好的学习习惯。

1. 低年级孩子，要用趣味作业检查法。
2. 中高年级的孩子，逐步过渡到用抽象的学习方式训练。
3. "五看法"看似简单，却一步都不能少，细节决定成败。

敲重点

第4章

预习复习好习惯，
搭建"学霸"的学习闭环

做好预习、复习，我也能成为"学霸"

4.1 三步预习法，让孩子自主学习

> " 凡事预则立，不预则废。 "

(思考)

请观察一下，孩子平时是如何预习的？（可多选）

A. 老师布置了，就认真预习；没有布置，孩子就不预习

B. 孩子很少预习，经常随便翻翻书就结束

C. 孩子每天都会花时间进行语、数、英三科的预习，用铅笔标注
   重点和有疑问的地方

D. 每次教材讲义发下来，孩子会安排时间把整本书都预习一遍

E. 其他预习习惯，请写下来＿＿＿＿＿＿＿＿＿＿＿＿＿＿＿＿

你的答案是＿＿＿＿＿＿＿＿＿＿＿＿＿＿＿

有效预习，是成绩提高的秘密武器

乐乐刚上三年级的时候，成绩下滑得厉害。乐乐爸爸参加"清华状元好习惯"家长特训营后，找到了孩子成绩下滑的原因，原来是孩子不会预习。

于是，乐乐爸爸就用学到的"预习三步法"引导乐乐做预习，半个多学期后，乐乐的成绩就提高了。

乐乐爸爸非常开心地分享："之前以为预习就是翻翻书，顶多写写生字生词而已。现在我们都是这么做的：如果时间紧张，孩子就会快速地把第二天要学的内容浏览一遍，遇到了问题，再回头仔细地读一遍，把问题做好标注；如果时间充裕，孩子还会对自己提出的问题进行思考，把能解决的解决了，不能解决的留在课堂上解决。这样一来啊，孩子听课更有针对性，成绩就上去了。"

乐乐爸爸不禁感叹：预习和不预习，结果差别竟然那么大啊。

这是为什么呢?

第一，预习可以提高孩子的听课效率。

孩子听课效率不高，可能是因为没有做好预习。

小学一节课 45 分钟，孩子们很难能保持 45 分钟不分神。提前预习的孩子，能在课堂学习中做到张弛有度。

通过预习，孩子能对老师要讲的内容有大概的了解，知道哪些是重点、难点和疑点。当老师讲到重点、难点的时候，孩子就知道一定得跟着老师的节奏。如果老师讲到孩子已经掌握的知识点时，则可以稍微让大脑休息一下。这样一来，整堂课下来，孩子既不会觉得疲惫，学习效果也会较好。

第二，预习能够巩固学过的"旧知识"。

很多知识点之间都是有关联的，学习新知识，可能需要用到"旧知识"。基础差的孩子，往往"旧知识"掌握得不扎实，在听课过程中，很难把涉及的"旧知识"关联起来。

这时，预习就能起到**查缺补漏**的作用。

预习能够让孩子发现"旧知识"的"盲点"，在课前重新学习涉及的"旧知识"，用来弥补基础水平差所造成的听课效果的差距。

第三，预习可以促进孩子自学能力的提升。

预习是一个变被动学习为主动学习的过程。

在预习的过程中，孩子需要对新的知识点进行摸索、思考和理解，这就相当于在训练孩子的自学能力。孩子只要能长期坚持，自学能力必然会得到明显的提高。

预习的目的就是对知识本身有所了解，对知识和方法有初步的认知。

三步预习法，学习被动变主动

预习是学习的重要环节，如何有效地预习，帮助孩子提升学习成绩呢？

这里分享有效的三步预习法。

预习一定要安排在完成当天作业和复习之后进行。因为知识点是逐步递进、环环相扣的，只有把前面的知识夯实了，才能为接下来的预习打下坚实基础。

浏览　　　　　　细读　　　　　　思考

第一步："览"，迅速浏览

预习时，先把要预习的内容快速浏览一遍，使自己对新课内容心中有数，初步知道哪些是一看就懂的，哪些是看不懂的，然后带着这些问题细读第二遍。

第二步：“读”，带着问题细读

通过快速浏览，孩子对新课的内容已有了初步了解，这时带着浏览时发现的问题，再认真细读一遍。

读第二遍时，速度要放慢一些，一边细读，一边思考与理解。遇到不明白的地方，要停下来反复思考；对不认识的生字、生词，要立即查工具书搞明白；实在不懂的问题，就记下来带到课堂上，听课时再去解决。

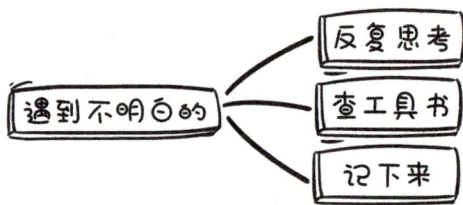

遇到不明白的 → 反复思考
遇到不明白的 → 查工具书
遇到不明白的 → 记下来

要边阅读边记笔记。预习笔记有两种：一种是记在书上，一边细读，一边在书的空白处或有关内容下圈点、勾画或批注；另一种是记在本子上，一边细读，一边把重点和不懂的内容记下来。

第三步："思"，独立思考，发现问题

预习的关键，在于能否独立思考，发现问题，提出问题。

预习中要先思考，后查资料；先发现问题，后提出问题；先看清意思，然后再做记录。

预习中，一定要把新课内容的重点和疑点找出来，然后把重点和疑点带到课堂上。

课堂上，当老师讲到自己找到的重点和疑点时，一定认真地一边听，一边思考，紧跟老师讲解的思路。经老师讲解后，如果有些问题仍不明白，就要抓紧时间和机会向老师提问，直到弄明白为止。

温馨提醒

（1）不要全面预习。

预习时，不要一下子全面铺开。全面预习是不现实的，一是时间难保证，二是精力难保证，三是质量难保证。

预习要选择自己感到吃力的内容先进行，先查出生字、生词，列出不明白的地方，如果时间很紧迫，就先把新课快速浏览一遍。

（2）不同学科采用不同的方法，抓不同的要点。

比如，预习数学时，要把重点放在定理、定律、公式、概念

和原理上；预习语文和英语时，要把重点放在查找生字、生词，理解中心思想、段落大意和写作风格上。

以上就是三步预习法，通过不断地练习，孩子就能更轻松自如地掌握课堂上越来越多的知识点，同时逐步建立自觉学习的好习惯了。

敲重点

1. 预习是一个变被动学习为主动学习的过程，可以提高听课效率。

2. 预习不需要全面铺开，不要过度。

3. 预习效果的好坏，关键看孩子是否能独立思考，发现问题，提出问题。

4.2 用"SMART"五步复习法,提分有迹可循

" 步骤清晰,孩子才知道该怎么做。"

思考

关于复习,你和孩子是怎么做的?

A. 写作业前,我提醒孩子先看看书,复习当天所学的内容

B. 我提醒孩子写作业前先复习,但孩子就是不执行

C. 孩子没有复习的习惯,回家直接开始写作业,经常有不会的

D. 复习时遇到疑点、难点,就放在一边,逃避问题

E. 复习时遇到不明白的,先查书查资料,实在不懂的问我们

F. 有明确的复习要求,比如语文默写 5 个字词

G. 其他方法,请写下来＿＿＿＿＿＿＿＿＿＿＿＿＿＿

你的答案是＿＿＿＿＿＿＿＿＿＿＿＿

复习就是翻翻书而已吗

"零散的知识如同散落的珍珠，需找到一条线把它们穿成串。"而复习就是这条线，把所有零散的知识点穿在一起。

如果不复习，孩子就无法对当天所学的知识点进行查缺补漏。

轩轩妈妈为轩轩复习的事情头疼不已。她说："这学期轩轩的成绩波动很大，忽高忽低，老师说他上课听讲的状态还不错，就是回家没有好好巩固。我和他反复强调过要先复习，再写作业，他答应了，却不愿意执行。"

那么轩轩妈妈是怎么让孩子复习的呢？

轩轩妈妈说："就是让他把今天上课记的笔记和学习的内容看一遍啊！"

孩子不愿意执行，问题恰恰就出在这里。

后来，轩轩妈妈尝试用在"清华状元好习惯"家长特训营课程中学到的"SMART"五步复习法，引导孩子做了语数英成绩各提高 2 分的复习计划，孩子不但乐于执行，而且制订的目标到学期结束时全部实现了。

解决方法

"SMART"五步复习法，让学习有迹可循

什么是"SMART"五步复习法呢？

"SMART"是 5 个英语单词的首字母的组合，它们分别是
specific（明确的）、measurable（可量化的）、achievable（可达成
的）、realistic（可行的）、time-bound（有时间限制的）。

接下来看看在复习计划具体需要怎么做才能达成目标。

第一步，明确的（specific）：目标要具体，一看就明白

只有目标清晰明确，孩子才容易达成。

父母给孩子制订复习计划时，经常会说："你要好好学习，
争取考试考出好成绩。"殊不知这样的计划，不清晰、不具体，
孩子不知道如何执行。

轩轩妈妈引导轩轩制订的语数英成绩各提高 2 分的复习计划
就很明确，轩轩围绕如何达成目标而努力，这样的目标很清晰而
且具体。

第二步，可量化的（measurable）：可以量化的目标

轩轩妈妈引导轩轩制订的目标：语、数、英各科成绩分别提高 2 分。2 分即量化数字，用考试分数来衡量。

智慧的轩轩妈妈对每天的复习内容也做了量化要求，我们来看看吧。

- 数学：每天晚上完成作业后，再做 2 道易错题，加强巩固，避免下次再错。
- 语文：每天晚上完成作业后，再默写之前试卷和作业中反复错的 3 个词组。
- 英语：每天晚上写完作业后，再默写 3 个没有掌握的单词。

刚开始父母对孩子的要求不要太高，不要布置太多的学习内容。如果孩子觉得内容多，就会有抵触心理，很容易放弃。

第三步，可达成的（achievable）：通过努力可以达成

制订的计划，孩子通过努力可以达成，这才是有效目标。

轩轩只要每天坚持做好复习，在下次考试时，语文、数学和

英语都会提高 2 分，原因如下。

数学：多做对 2 道口算题，就可以提高 2 分。

语文：多掌握 2 个生字词，就可以提高 2 分。

英语：多记住 2 个单词，就可以提高 2 分。

这样明确的要求，孩子很容易达到，他会有成就感，复习时就愿意按父母的要求执行。

假如父母要求孩子每科都提高 10 分，对孩子来说压力太大，短期内难以达成，自然就更容易放弃。

目标清晰，容易达成，孩子才更愿意执行。

第四步，可行的（realistic）：具有可实施性，方便执行

引导孩子制订的计划，要便于执行，孩子才愿意坚持。

妈妈要求轩轩每天写完作业后，再做 2 道数学易错题、默写 3 个英语单词、默写 3 个语文词组。这对轩轩来说很简单，10 分钟就可以完成。

孩子能够做到，也更容易坚持。

第五步，有时间限制的（time-bound）：让孩子有盼头

无论是大人还是孩子，都会害怕要做的事情结束遥遥无期，看不到希望。假如给这件事情加上一个期限，孩子就会更有动力。复习也是如此。

比如，轩轩每科复习的期限都是一个月，等到月考时就能检验结果。一个月后，轩轩放学后，迫不及待地跑到妈妈面前，神神秘秘地说："妈妈，你猜我今天会告诉你什么好消息？"没等妈妈开口，轩轩就说："今天测试数学了，我比上次高了 3 分呢！"

又过了几天，轩轩把英语、语文成绩带回来了。经过一个月的练习，他轻松实现了 3 个小目标：英语、语文和数学的成绩，分别比上次考试提高了至少 2 分。

可见，当复习用对了方法，提前做好有效的目标计划，就能帮助孩子提高成绩，让孩子更自信，从而更爱学习。

1. 复习的要求越明确清晰，孩子越容易执行。
2. "SMART" 五步复习法的五点相互关联，不可或缺。
3. 孩子能做到的，更愿意坚持去做。

敲重点

4.3 三种高效复习方法，打造学习闭环

> " 重复，是简单、易行、有效的记忆方法。"

思考

孩子会用哪些方法高效复习英语？

A. 背单词，默写单词

B. 阅读课文，背诵课文

C. 做单元测试卷，找到薄弱项

D. 把之前的错题都重新做一遍

E. 其他，请写下来_____

你的选择是_____

每天写作业就可以了，还需要额外复习吗

很多孩子平时学得挺好，但是往往一到考试就考得不理想。

萌萌妈妈也为因为孩子考试不理想而着急。她说："孩子平时做作业正确率还可以，但一到考试就失误，很多失分的题都是之前做对的。我就纳闷了，为什么当时作业做对了，过段时间再考试就做错了呢，这孩子忘性怎么那么大啊，该怎么办呢？"

"清华状元好习惯"家长特训营的导师问她："孩子除了做作业，还有复习计划吗？比如每天、每周或每月按计划复习所学的内容或重难点。"

萌萌妈妈一脸困惑，这些压根儿就没有。

孩子当天学的东西容易记住，但是，时间久了，就容易忘记，这很正常。

因为我们的大脑都有一条"遗忘曲线"，如果不复习，很多知识都会被遗忘，所以我们需要不断地回顾，才能记得更牢固。

什么是遗忘曲线呢？

遗忘曲线由德国心理学家艾宾浩斯研究发现，描述了人类大脑对新事物遗忘的规律。人们可以从遗忘曲线中掌握遗忘规律并加以利用，从而提升记忆能力。

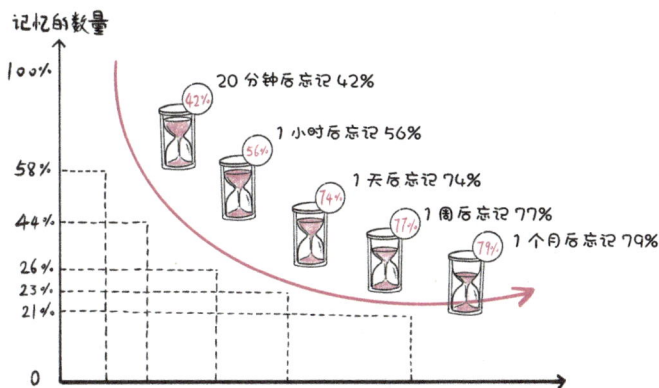

记忆的数量

20分钟后忘记42%

1小时后忘记56%

1天后忘记74%

1周后忘记77%

1个月后忘记79%

这条曲线告诉人们遗忘是有规律的，遗忘的进展很快，并且先快后慢。观察曲线，你会发现，学到的知识如果不抓紧复习，1小时后，所学知识只能记住44%，1天后就只能记住26%，1周后记住23%。

随着时间的推移，遗忘的速度减慢，遗忘的数量也随之减少。

曾经有人做过一个实验。两组学生学习一段课文，甲组在学习后不复习，一天后只能记住36%，一周后只记住13%；乙组按艾宾浩斯记忆规律安排复习，一天后还能记住98%，一周后记住86%。乙组的记忆率明显高于甲组。

由此可见，学会科学的复习，对学习至关重要。

三种高效复习方法，让孩子乐此不疲

复习也讲究方法和策略，这里分享三种高效复习方法，帮孩子达到真正的复习目的。

分散复习　　　交叉复习　　　趣味复习

分散复习，劳逸结合

如果有需要花 60 分钟的复习内容，你是让孩子一口气复习完，还是分成几段进行复习呢？

心理学家很早就对这个问题进行了实验。实验的结果表明：分散复习要比长时间的集中复习效果好。

对小学的孩子来说，其身心发育的特点也要求采用分散复习的方式。所以，我们不妨让孩子每次复习 25 分钟，中间休息 5 分钟之后再继续，这样孩子不会疲劳，复习的效果也会更好。

交叉复习，科学用脑

当孩子同时面临几门课程的复习任务时，最好采用交叉复习的方式。

交叉复习，科学用脑，遵循了大脑的交替记忆原理，记忆事半功倍。

比如，先复习语文 20 分钟，休息后换成复习数学 20 分钟，休息之后再换成复习英语 20 分钟。这样交叉复习，孩子不易产生厌倦心理。

趣味复习，学中寻乐

长时间用同一种方式复习，孩子会觉得枯燥乏味，失去复习的兴趣，效果也不好，对小学的孩子更是如此。

想想看，我们自己学习英语时，有时默读，有时大声朗读，有时抄写，不断变换方式或者多种方式结合使用。

小学生更要这样。比如复习语文，可以让孩子以朗读、背诵、默写、造句、写作文等不同的方式变换进行。

复习数学，可以让孩子看书、记公式、做练习题（计算题、应用题），而且习题也要注意更换题型。

第一，在给孩子复习时，不能只给孩子布置读几本书或做几道题就放手不管，而是要尽可能根据孩子的实际情况随时进行调整。

第二，如果发现某一部分的内容孩子已经掌握，就可以跳过这部分，复习其他内容。

如果孩子已经做了几道某方面的题目仍然出错，就需要指导孩子加强对这方面知识的复习力度。

第三，复习的安排也是有讲究的。比如，每天放学回家先复习，再写作业；每周六、周日复习本周学过的内容；期中、期末等阶段，复习疑难知识点，做题巩固。

第四，根据可支配时间的长短，采用不同的复习策略。如果时间很宽裕，可以让孩子从头至尾将书过一遍；如果时间紧迫，就得重点复习薄弱环节，有时只复习平日整理的错题，也能达到理想的效果。

复习既要有明确的目标，也要有多种方法。因为再简单的事情，重复地做，也难免会让人厌倦。在重复的过程中，增加趣味性和多样性，更能调动孩子的学习积极性。

敲重点

1. 重复记忆，才能记得牢。
2. 复习既要劳逸结合，又要科学用脑。
3. 简单的事情重复做时，要增加趣味性和多样性。

亲子练习

遵循遗忘曲线的规律，定期复习吧

请你带着孩子，用艾宾浩斯遗忘曲线复习计划表进行复习。

（1）对于新学的知识，可以完成当天作业后尝试进行复习，巩固所学的知识。

（2）对于作业中反复出现错误的题型，可以让孩子先看懂课本中的例题讲解，再进行复习。

复习不一定天天进行，如果孩子掌握了这个知识点，下一次复习可以在一周后进行；如果孩子没有掌握，可以按第一天、第二天、第四天、第七天这样的节奏复习。

读者也可以联系魏华老师，回复"遗忘曲线"，获取艾宾浩斯遗忘曲线复习计划表的电子文件。

艾宾浩斯遗忘曲线复习计划表

序号	学习内容	短期记忆复习			长期记忆复习							
		5分钟	30分钟	12小时	1天	2天	4天	7天	15天	1个月	3个月	6个月
1	背诵《忆江南》	5月1日										
2	鸡兔同笼问题（写出解题步骤）		5月1日					5月7日				
3	单词grape，在句子中更加s			5月1日						6月1日	8月30日	11月30日
4												
5												
6												

Loading···
(◐◑◐◑◐◐◑◐◑◐)

第5章

快速准确记忆好习惯，

从此告别死记硬背

死记硬背　　科学记忆

忘得快　不理解　没兴趣　轻松记　随时记

记得慢　　　　　　　　　好理解　　　有乐趣

5.1 放电影记忆法，激活大脑想象力

" 感受越深，记忆越牢。"

（思考）

你的孩子用过什么样的方法来提高记忆？

A. 死记硬背，多读就会背

B. 和孩子互动，通过做游戏来记忆

C. 使用思维导图帮助记忆

D. 使用关键词记忆法

E. 其他，请写下来_____

你的答案是_____

掌握科学的记忆方法，背得更快

前段时间，洋洋学校举办了一个讲座，邀请一位在重点大学上学的小雅分享她的学习方法，洋洋对小雅介绍的记忆法非常感兴趣。

小雅说："每天晚上睡觉前，我会把当天所学的各科重点内容都回忆一遍，如果能记起来白天老师讲的内容，就睡觉。如果有些记不住，就拿出书本，找到知识点，反复看几遍、读几遍，然后再睡觉。"

小雅用的方法，就是"放电影"记忆法，简单又实用，是一种特别值得推荐的好方法。

解决方法

"放电影"记忆法，抽象变具象

"放电影"记忆法的原理，是激活大脑的图像想象力，让抽象的知识点成为具象的图景。电影叙事是连续、有内在逻辑的，用像放电影的方式记知识点，能够把知识点具象成一幅幅图景，还能把孤立的知识点串联起来，使之成为生动的电影情节，这样当然令孩子印象深刻。

"放电影"记忆法具体可以有以下三种方式。

提问解答：这部电影讲了什么

孩子看完一部电影，总喜欢告诉我们他在电影里看到了什么，并和我们热切讨论。平时，我们可以利用像这样"放电影"的方式，帮助孩子记忆。

"放电影"记忆法的关键是**自问自答**。

孩子在记忆的过程中，不断地自己考自己，自己提问题，就像看电影一样，"播放"、回答书中或课上的内容。

孩子也可以给父母"放电影"，让孩子当导演，通过向父母提问，用答案把知识点串联起来。

提问是一种很好的激活大脑思维的方式。如果孩子期待要"考一考"父母、同学，他就会充满了场景感，"怎么提问好呢""有哪些提问的角度呢"，在提出问题的同时，他也在归纳知识点。对每一个问出来的问题，他都已经先准备好了答案，实际上已经无意识地进行了梳理和归纳。

父母角色：营造轻松氛围

父母不要代替孩子"放电影"，否则就会变成父母提问了，容易引发孩子的反感。刚开始的时候，孩子没有完全掌握"放电影"记忆法的技巧，父母可以示范一下。比如洋洋妈妈学习了这个方法后，就和洋洋练习记忆《卖火柴的小女孩》的知识点。

故事发生在哪个季节？是寒意渐浓的秋天，还是大雪纷飞的冬天？

小女孩脚上穿着几只鞋子？为什么只有一只鞋子，还有一只在哪里？

小女孩今天卖出了几根火柴？

小女孩擦亮了第一根火柴，看到了什么？擦亮第二根和第三根，又分别看到了什么？

如果你是导演，你会去哪个国家部拍这个电影？为什么？

我们来扮演一下小女孩吧。她穿着什么衣服，走在什么地方，又是怎样叫卖的呢？

洋洋不服输，也向妈妈提了一连串的问题，两个人在想象中拍了一场"电影"，生动又有趣。通过这样的方法，洋洋就记住了课文中的知识点。

睡前翻"剧本"：抓住记忆的重要时刻

养成习惯后，妈妈又让洋洋用"放电影"记忆法，回忆一下白天各科老师讲的课程内容。

如果洋洋能清晰地回忆老师讲的内容，并且提出几个好问题，接下来就可以睡觉了。如果不能清晰地回忆老师白天讲的内容，或者提不出问题，那么可以翻看笔记或书本，复习一遍，然后再睡觉。具体参考以下"放电影"记忆法的流程图。

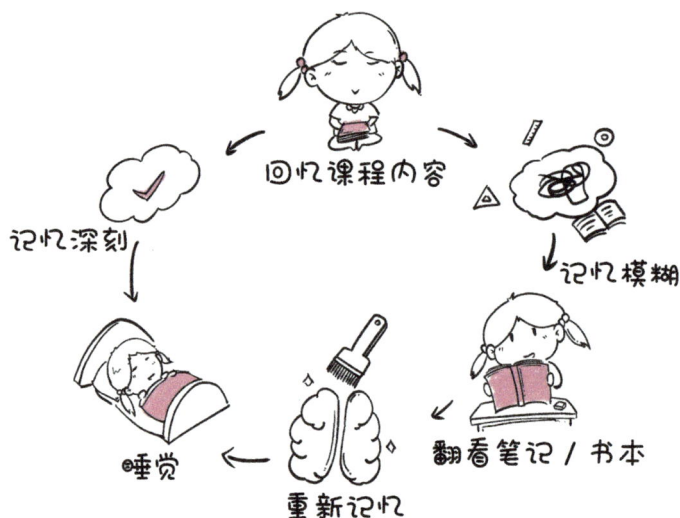

睡前是一个很好的增强记忆力的时间点，因为回忆完毕就睡，大脑里不会有其他干扰信息覆盖睡前回忆的内容，能让记忆更深刻。

第二天起床后，在刷牙或吃早饭的时候，让孩子再次像"放电影"一样回忆一遍，孩子就会牢记知识点。这种记忆法是遵循遗忘曲线原理的。

"放电影"记忆法是不是比死记硬背更有趣呢？把抽象的知识点变成具象的图景，孩子可以多方位地去感知和感受，比死记硬背的效果好多了。有感觉，才能记得住。

1. 让抽象的知识点成为具象的图景，激活孩子大脑的想象力。

2. 寓教于乐，轻松记忆。

3. 睡前记忆，印象更深。

5.2 多感官记忆法，全方位记忆更牢

> 想让孩子知道什么是酸，可以先闻一闻，后尝一尝，他就知道了。

思考

孩子平时是怎么背单词的呢？（可多选）

A. 抄写单词

B. 读单词

C. 听音频背单词

D. 默写单词

E. 把单词放到句子中，再默写一遍句子

你的答案是＿＿＿＿＿＿＿＿＿＿＿＿＿

如果只用了一种方式，说明孩子的多感官还没有被充分调动起来；如果用了 3 种或 3 种以上的方式，说明孩子已经具有多感官记忆的意识了。

背单词只能死记硬背

萌萌妈妈十分困惑。萌萌背单词，比如 believe，萌萌先抄写了 10 遍，然后默写，先是写成了 bilieve，错了，看一遍正确的拼写后再来，又写成了 belive。像这样比较长的单词，萌萌经常不是写错了字母，就是漏写了字母。"孩子也在很努力地背啊，我也不知道怎么才能帮她解决这个问题。"萌萌妈妈说。

孩子如何进行记忆，效果才能更好呢？

我们先来假设有这样两位老师，教同一个知识点：学单词apple。

一位老师，按照课本进行教学，在黑板上写下 apple 的中文意思、音标等，并一一进行详细的讲解。

另一位老师，上课时带来了一个红苹果，先让同学们看外观，再轮流让同学们摸一摸、闻一闻，最后切成了小块儿让同学们尝一尝。同学们都跟苹果"亲密接触"之后再朗读课文，学习这个单词。

你觉得哪位老师的教学方法更容易让你记住 apple 这个单词呢？

结果是显而易见的，当然是第二位老师的教学方式更让人印象深刻，从而让学生更容易记住。

记忆知识点时，方法越丰富多样，记得就越牢固。

多感官并用，记忆更深刻

多感官记忆法就是同时调动孩子的多种感官，帮助孩子高效记忆。

孩子记忆知识点时，视觉、听觉、触觉等多种感官同时工作，大脑受刺激的效果会显著增强，记忆中枢能获得更充分的调动，记忆会更快，记得会更牢。

接下来具体说说如何调动不同的感官提高记忆力。

视觉记忆法

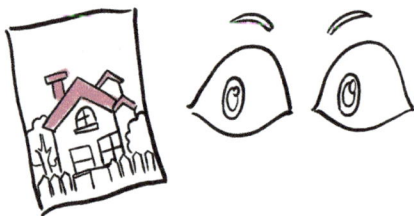

视觉记忆法，就是通过具象的图景来记忆的方法，主要就是通过眼睛观察。

以背英语单词为例，如果只是把单词当成一个一个字母的排列组合，记忆起来就比较枯燥。可以以"意群"为单位，以"词组"为单位，以"前缀""后缀"为特点，记忆它们整体的形状。如 in、un、anti 通常表示"不"或者"否定"，tri 表示三个，ism 表示"主义"等，把它们当作一个图案去记忆。

背交通工具的英文单词时，应该带孩子去街上走一走，看看 subway（地铁）、motor（摩托车）、bike（单车）、car（汽车）、truck（货车）、ambulance（救护车）。通过感知看到的实物或图片，记忆效果会有很大的提升。

听觉记忆法

听觉记忆法，主要通过用耳朵听，以"磨耳朵"的方式帮助记忆。

"视""听"往往不是分开的，在语言学习中，"听"往往会优先于"视"。孩子学习母语，是先会听，接着是会说，可能最后才到会看。所以学习英语时，也可以用这种最自然习得的方法，不妨多听几遍，多说几遍，让孩子记住它。

古诗词记忆也可以使用听觉刺激。诗天然是歌，大部分是可以唱的。一些诗词可以找歌咏版本辅助记忆，比如邓丽君唱的

《但愿人长久》，即以苏轼的《水调歌头·明月几时有》谱曲而成，清丽动听，更容易记住。

触觉记忆法（写）

触觉记忆，就是让孩子用动手操作的方式来帮助记忆，在学习中比较多的动手操作途径就是写了。

比如，孩子记单词或者语文的生字词的一个好方法，就是做听写练习。假如第二天老师要让孩子默写第三单元的单词，当晚让孩子提前进行听写。

如果孩子的时间充裕，父母也可以安排孩子做日常听写练习。例如，每天抽出 10 分钟左右的时间，专门做一次听写练习，孩子遇到不熟悉的单词，就快速翻看书本进行二次记忆和复习，这样可以加深印象。

嗅觉味觉记忆法

嗅觉味觉记忆法，就是让孩子通过闻或者尝的方式来帮助记忆。虽然平时用得比较少，但是在合适的时机使用这种方式，效果挺好。

比如，背"sweet"（甜美）的时候，可以拿蜂蜜让孩子闻一闻；背"salt"的时候，可以拿盐给孩子尝一尝；吃到好吃的东西时，可以说一声"yummy"。背有些水果的单词时，哪怕不能及时让孩子品尝到水果，但是如果吃过就会对这种水果的味道有印象，可以让孩子回忆这种味道，并和这个单词联系起来。

又比如，带孩子吃牛排时，可以讲解牛排是 steak，选择时可以选 medium（五分熟）、medium well（七分熟）、well done（全熟）等，不同的程度分别是什么样的，还可以让孩子品尝。

用这种记忆方法，远远比孩子不停地重复"a-p-p-l-e"效果要好得多。

大声朗读记忆法

大声朗读记忆法，就是让孩子通过一边看一边大声朗读的方式进行记忆，这是结合了视觉和听觉两种形式的记忆方式。

孩子背诵课文时，一定要大声朗读。孩子默读的时候容易走神，但是大声朗读的时候，全身心都在课文上，只有专注于要记的内容，记忆效果才更好。

读的时候，一定注意不要一个字一个字地往外蹦，这样读完一句话很容易不知道这句话是什么意思。朗读时应该以意群为单位，语气也应该跟着内容的变化而变化。

这里以这篇小学四年级的课文为例简要说明。

人们都说，黄河是中华民族的摇篮。可是一查黄河近2000年来的"表现"，却叫人大吃一惊。黄河在近2000年间竟决口1500多次，改道26次，给两岸人民带来了深重的苦难。

读第一句里的"摇篮"时应该用充满遐想的语气，读第二句里的"大吃一惊"时，应该用惊讶的语气，读第三句时应从

"竟"字开始加重语气，并且声音一点一点往上拨，读到最后"苦难"二字时应该充满沉痛。

通过这样的朗读，孩子的记忆会更加深刻。

"清华状元好习惯"家长特训营的学员牛牛妈妈，就是用"多感官记忆法"，让六年级的牛牛快速记牢圆柱的相关知识点的。

妈妈让牛牛先预习第二天要讲的内容：认识圆柱。

牛牛先翻开书，大致浏览了这部分的内容（视觉记忆法）。

之后，牛牛打开了"讯飞 AI 学习机"，看了对应的短视频（视觉记忆＋听觉记忆）。

接着，牛牛在妈妈的指导下，用白纸做了一个圆柱体（触觉记忆法）。

随后，牛牛在"讯飞 AI 学习机"上，找到了"圆柱相关的知识卡片"，大声地朗读，并抄到笔记本上（大声朗读记忆法＋触觉记忆法）。

最后，牛牛通过做例题，把圆柱体的几个知识点都自己演算推理了一遍，如体积、底面积、侧面积等（触觉记忆法）。

就这样，牛牛用多感官记忆法，牢牢记住了圆柱这部分的内容。

1. 记忆过程要充满趣味，充分调动孩子的各个感官。

2. 多种感官同时工作，记忆会更快，记得会更牢。

3. 孩子是记忆的主体，多鼓励孩子创造性地使用感官进行记忆。

亲子练习

用多感官记忆法复习当天所学的英语单词

让孩子把今天学的英语单词用多感官记忆法复习一遍。

5.3 卡片记忆法，随时随地轻松记忆

" 让记忆随时随地进行。 "

（思考）

当孩子记不住知识点时，通常会采取什么方法加强记忆呢？（可多选）

A. 反复读，一遍不会读两遍，甚至更多遍

B. 睡前默写一遍，增强记忆

C. 写在卡片上，放进口袋，随身带着，没事就拿出来看看，加深印象

D. 和同学 / 爸爸 / 妈妈一起讨论容易忘记的知识点

E. 当小老师，讲给家人听

F. 其他方法，请写下来＿＿＿＿＿＿＿＿＿＿＿＿

你的答案是＿＿＿＿＿＿＿＿＿＿＿

短时记住了，过一阵就忘

默写生字词，对很多孩子来说，是一件费时费力还不见得有好效果的事情。

林林老记不住生字词，尤其是一些看起来相近的单词，总是混淆。比如"眼镜"，他常常写成"眼睛"。每次妈妈都把错字画出来，他还是一头雾水，"对了啊，就是'睛'啊。"直到打开课本对着看，他才承认是真的错了。林林妈妈觉得是孩子不用心，罚也罚了，骂也骂了，但是都没有效果。她又不能一天24小时都盯着孩子学习。林林也是一肚子委屈，说自己已经很用心去记了，就是记不住，能怎么办啊。

很多孩子和林林一样，总是记不住课上的知识点，在没有父母陪伴时，没有足够的自觉去记知识点。即使短时间之内记住了一些知识点，但一段时间后就又忘得所剩无几，结果是不断地花费大量的时间重新记忆，学习效率极其低下。

解决方法

卡片记忆法，查缺补漏

其实，背英语单词、古诗词、数学公式等零散又很重要的知识点，并不需要孩子集中大量的时间去记忆，这些知识点适合用碎片时间记忆。记这些知识点的关键不在时间长，而在反复高频记忆。

卡片记忆法，就很合适用在这样的学习方式上。

什么是卡片记忆法

卡片记忆法，顾名思义，就是把需要记忆的内容记录在一张卡片上，利用卡片来帮助记忆的方法。

许多知识渊博的人都有用卡片帮助记忆的好习惯。美国作家杰克·伦敦爱好写作，他经常去图书馆，把好词好句摘抄到纸条上。他家贴满了大小不一、色彩各异的纸条，纸条上写满了各种知识。

他的日常记忆方法是这样的：当晚上上床睡觉时，他会默念贴在床头的纸条；早上起床时，他会一边穿衣服一遍默念贴在衣柜上的纸条；进门看正面门板上的纸条，出门看背面门板上的纸条；出了家门，他还会掏出口袋里的小纸条来记忆……

我们也可以使用卡片记忆法，帮助孩子记忆还没有记牢的知识点。

首先把知识点进行分解，分开记录在不同的卡片上，然后通过记忆每张卡片的内容，就可以在一次次的检查中查漏补缺，这样记忆"松动"的部分就会被逐步"围猎"，有效防范了"漏网之鱼"。

下面介绍卡片的制作方法。

（1）根据需要制作卡片。

制作卡片的材料，可以是便签，也可以是白纸（软硬都行），剪成需要的大小。还可以按科目或知识点的掌握程度，将卡片做成不同颜色。

第一种分法，按科目分类：

- 语文→红色；
- 数学→绿色；
- 英语→黄色。

第二种分法，按知识点的掌握程度分类：

- 记忆生疏→红色；
- 勉强记住→绿色；
- 容易混淆→黄色。

（2）卡片的正面写上某个知识点的关键词。

比如，英语句式"it's a..."，翻看卡片时，看到这个句式就知道这张卡片背后的内容都是跟这个句式有关的。

有了关键词，就可以像检索目录一样，方便查找和复习。而且，卡片正面的关键词还有一个最重要的作用，就是让孩子看到关键词，就可以开始回忆和复述相关的知识点，达到记忆的目的。

（3）卡片的背面写上知识点的主要内容，语言一定要精练。

背面写上具体的知识点的内容，或者是例题。当看了正面的关键词并进行回忆和复述后，就可以用背面的内容进行对比，检查学习和记忆的效果。这样，经过几次记忆后，孩子会记得更牢。

卡片记忆法的好处

（1）孩子在运用此方法时，将学习、记忆的内容记录在卡片上，这一过程本身就是对知识重新认识和理解的过程，同时也是对这些知识点进行整理和归类的过程，这就有助于孩子进行记忆。

（2）卡片携带方便，放衣服或书包口袋就行，可以根据需要很快地找到相关内容，便于复习。

（3）能有效地把一些碎片时间利用起来，减轻孩子在完整的学习时间内的学习压力。

（4）可以利用卡片玩游戏或进行比赛。比如，全家人一起玩一个卡片游戏，把卡片背面朝上放在桌子上，每人各选出 1 张，说对卡片上的内容，计 1 分；说错，扣 1 分。在玩游戏的过程中，孩子也记住了需要记忆的内容，一举多得。

林林妈妈学了卡片记忆法后，就教给了孩子。一天，她看到林林把空白的 A4 纸剪成一张张小卡片，就问孩子拿这些空白卡片做什么。

林林说："我要把今天学过的英语单词写在上面，这样我就可以随时拿出来记。而且，我还可以拿这些卡片和妈妈做游戏。"妈妈直夸林林这是个好办法。

通过几次这样的卡片游戏，林林的英语单词记得越来越快、越来越牢，听写成绩提高了不少，对学习英语的自信心也越来强了。

如果你的孩子也遇到了像林林一样的问题，不妨把这个卡片记法用起来。

敲重点

1. 卡片只适用于记忆一些内容较少、相对零散的知识点。

2. 随时随地碎片化记忆，能减少孩子对整块背诵的压力，但只有长期坚持才有效果。

3. 卡片记忆法能增进与孩子的感情，父母的参与，会让孩子感觉到学习是件有趣的事情，在玩儿中就把知识点记住了。

亲子练习

制作复习卡片

引导孩子做几张英语单词卡片，不超过 5 个单词，让孩子上下学路上记忆，晚上回家后，让孩子默写这 5 个单词。

5.4 联想记忆法，告别死记硬背

> 记忆的基本法则，就是把新的信息和已知的事物联系起来。

思考

孩子在背诵课文时，一般是怎么记忆的？（可多选）

A. 死记硬背，没有用过联想记忆法

B. 用谐音的方式记忆（谐音联想法）

C. 读一篇文章，脑海里会形成画面（图画联想法）

D. 看到"上"，就想到"下"；看到"多"，就想到"少"（相对联想法）

E. 其他方法，请写下来_____

你的答案是_____

缺乏联想力，记忆困难

古人写诗，往往重在意境。短短的一首五言或者七言绝句，常常描绘出一幅丰富多彩的画面。我们在学习古诗词的时候，借助一些符合诗人描绘的情景的图画或者音乐，就能更容易理解诗人的情感。

所以，学习的内容和我们能感知的一些具体的事物联系起来的时候，会比较生动形象，就会给我们留下更深刻的印象，记得也会更牢。

佳佳就是这样记忆的。晚饭后，佳佳拿着《笠翁对韵》这本书，坐在沙发上开始读起来，"天对地，雨对风。大陆对长空"。

她一边读，一边对打扫卫生的妈妈说："妈妈，你也一起来读吧，太好玩了。读了书中的内容，我能由一个事物联想到另一个事物，比如，由天想到地，由雨想到风，由陆地想到天空。"

佳佳的这种记忆法就是联想记忆法，具体怎么用呢？

解决方法

联想记忆法，印象深刻记得牢

联想记忆法，就是一种通过联想进行快速记忆的方法。从心理学的角度来说，联想就是大脑在接受某一刺激时，浮现出与该刺激有关的事物的形象的过程。

联想记忆法能够使人们对东西的记忆更深刻。孩子表面看来是过目不忘，事实上却是把文字生成了一个鲜活的画面，甚至三维世界，当然就比死记硬背效果好。

以下分享三种联想法，让孩子快速记忆。

时间联想法

时间联想法就是从时间上展开联想，包括横向联想和纵向联想两种。

例如，记忆历史事件，在同一个时间点，某年某月某日，在世界各地发生了哪些重要的事件，这属于时间横向联想。一百年前的今天发生了什么，一百年后的今天又会是什么样的，则属于时间纵向联想。

请用时间联想法，帮孩子回忆在学校学了什么，加深孩子的记忆。

可以这样问孩子："你今天在学校都上了哪几节课啊？上午上了哪几科？下午呢？老师在数学课上讲了什么内容？"

当孩子回答不上来时，父母要给孩子时间思考，好好回忆。

空间联想法

空间联想法主要用于位置接近或相对的两种事物。比如，由"太阳"想到"月亮"，由"南"想到"北"，由"上"想到"下"，等等。

刚才提到的《笠翁对韵》，使用了大量的对仗，就非常适合采用空间联想法。对仗又称队仗、排偶，指把概念相同或对立的词语放在两个句子相对应的位置上，使之呈现相互映衬的状态的修辞方式，使语句更具韵味，也更有表现力。

相似、相对联想法

相对、相似联想法就是由相似或相对的事物产生联想。例如，看见我国的地图，会想到"公鸡"；看到意大利的地图，会想到"靴子"。

又如，关于"秋天"，能让人想到哪些诗句呢？

自古逢秋悲寂寥，我言秋日胜春朝。

秋风萧瑟，洪波涌起。

荷尽已无擎雨盖，菊残犹有傲霜枝。

冲天香阵透长安，满城尽带黄金甲。

相对的事物也容易引发联想。在学习语文时，父母可以让孩子试着用对比联想法记忆其中的反义词。例如，"内"的反义词是"外"，"上楼"的反义词是"下楼"。

父母可以引导孩子，在学习时将知识与生活中的事物联系起来进行记忆，从而达到事半功倍的效果，也可减轻孩子的学习负担。

敲重点

1. 联想记忆法实际上训练的是孩子把文字变成一幅鲜活的画，甚至三维图像的能力。
2. 联想不是天马行空地想象，而是对知识更深层次的理解和运用。
3. 越会联想的孩子，知识点掌握得就越牢。

第6章

积极备考不慌乱，
轻松考出好成绩

逢考必胜

考前复习

考中秘诀

考后复盘

6.1 考前复习三步骤，备考沉着少焦虑

> **"** 争取时间就是争取分数，
> 提高效率就是提高成绩。**"**

思考

请你和孩子想一想，在孩子考试前，会制订考前计划吗？

A. 没有，就把老师发的试卷和练习完成

B. 简单和孩子说了说，孩子有没有执行不清楚

C. 制订了考前计划，孩子不认真执行

D. 制订了考前计划，孩子愿意并认真执行

E. 其他情况，请写下来＿＿＿＿＿＿＿＿＿＿＿＿＿

你的答案是 ＿＿＿＿＿＿＿＿＿＿＿＿＿

考前复习，合理计划少不了

在"清华状元好习惯"家长特训营的课上，导师们会问：每次期中考试和期末考试之前，父母是否会和孩子一起制订"考前复习计划"？

家长特训营的数据统计结果是，60%以上的家庭之前都没有制订考前复习计划。

父母们说："我和孩子从来没有制订考前计划，这个学校应该会安排吧。"也有不少父母认为，每学期都考试，该怎么复习，孩子自己应该知道吧。

事实上，如果没有父母的科学引导，很多孩子并不知道如何进行考前复习，只会简单完成老师布置的复习内容。要想通过复习，在期末考试考出比较高的分数，科学地进行考前复习是非常重要的。

在期末考试前一个月，也就是考前4周左右的时候，制订并执行考前计划，可以帮助孩子在考试时不慌不乱，胸有成竹。

解决方法

考前计划三步骤

要想让孩子积极备考并取得好成绩，就要打有准备的仗，父母可以根据考前计划三步骤，和孩子编制一张考前计划表。

序号	考试科目	匹配复习方法	分配复习时间
1	语文		
2	数学		
3	英语		
4	其他		

第一步：确定考试科目

首先，和孩子沟通，确认期末考试的科目。对小学生来说，考试的主要科目就是语数英三门，其他科目相对比较简单。对中学生来说，科目较多，除了语数英，还有物理、化学、历史、地理、政治、生物，科目数量大幅度增加。

其次，对孩子这几科的平时成绩进行大致的了解。例如，可以通过查阅课后作业、单元测试卷、期中考试试卷、期末考前模拟试卷等，了解孩子目前各科的真实水平。

另外，可以通过打分的方式，引导孩子了解自己的学习情况。比如用1~10分表示，10分代表学习水平很高，1分代表很低。父母和孩子分别对各科的学习水平进行打分，然后对照。

在这个过程中，父母需要客观冷静地帮助孩子分析各科的强项和弱项，引导孩子发现问题。

记住，打分**不是为了找理由批评孩子，而是为了解决问题**。

打分还有一个目的，是让复习能有所侧重，不用面面俱到，从而让复习效率更高，有的放矢。

例如，有的科目学习情况在 8 分以上，代表孩子已经掌握得很好，复习时找出错题集做一下就差不多了，不用花太多时间。

同理，有的科目在 5 分以下，代表孩子有较多的知识点未掌握，需要在复习时多花时间提升巩固。这样，劲往一处使，有针对性，效果会更佳。

第二步：匹配复习方法

有了对孩子各科水平的了解，就要分别选择适合的复习方法了。总的来说，就是将不同学科的学习规律和方法，与孩子的弱项结合起来，查缺补漏。下面分享语、数、英三科的复习方法。

语文

可以大致分为基础知识、阅读理解和写作三大块。对于基础知识的复习，字、词的记忆，课文的背诵等方面，在平时是做过大量练习的，复习的时候要用好错题本，对平时易错的、不懂的知识点进行巩固和理解背诵。

对于阅读理解，除了平时注意积累以外，要注意归纳整理一些答题技巧。例如，关于人物描写的阅读理解文章，注意整理人物的表现手法有哪几种。

在小学阶段，作文题目无外乎写人、记事或写景，这在平时也是做过很多练习的。复习时可以回头看老师点评过的作文，通过修改文章来复习，比如修改文章的结构、开头结尾的写法、细节描写等。

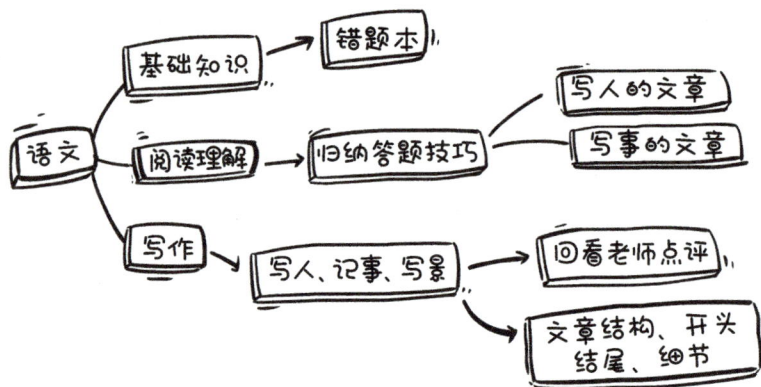

数学

数学知识点之间是有逻辑关联的，知识点是有框架的，复习时可采用以下 3 种方法。

（1）知识点整理法。

找一个相对完整的时间，和孩子把数学课本的目录和每章每节的重要"知识点"浏览、复习一遍，一些常考的概念、公式要背下来。只有记忆深刻，考试时答题速度才能大大提高。

（2）错题集法。

把孩子的课后作业、单元测试卷、期中试卷整理出来，找到孩子曾经做错的题目，让孩子再做一遍，然后判断孩子是否真的掌握了。

父母还可以把一些常考题型的题目中的数字或一些文字变化一下，考查孩子是否真正掌握。

错题整理主要包括两种形式：第一种是手动整理，第二种是借助 AI 工具整理。

手动整理可以先在错题旁边用其他颜色的笔写出正确的答案，再把其中的"易错题"或者"重点题"抄到错题本上，这种整理方法比较系统和直观。

AI 工具整理，即借助 AI 工具进行整理。比如用"小飞"做题以后，"小飞"会把里面的错题和正确答案自动归纳到各科的"AI 全科做题本"里，用此方法不仅可以再做一遍错题，还可以收到与这道错题知识点相同的三道题，这样举一反三，可以让孩子牢牢地巩固和强化这个知识点。

（3）模拟真题试卷测试法。

准备一些以前期末考试的试卷，让孩子模拟在考试状态下做题。

可以使用计时器，让孩子在规定的时间内做完试卷。因为孩子在放松状态下（不计时）做题和在规定时间内做题，效果是不一样的。比如一道难题，孩子平时需要 20 分钟才能做出来，但考试的时候必须在 10 分钟内做出来，这时候孩子就容易慌乱，进而影响答题状态。

英语

英语学习需要平时大量的阅读、单词的积累以及语法的掌握等，考前需要重点复习考试范围内的知识点，并通过模拟练习，熟悉答题的技巧。

（1）围绕课本复习。

可以建议孩子要对课本包含的知识点进行整体梳理，课本复习一遍或多遍，重点复习重要的单词、词组、句型、语法等。

（2）听说读写并重。

听说读写这几个方面可以结合起来复习。比如，在背单词的时候，建议大声朗读，读的时候能练习听力，同时在纸上写下来。在听课文音频的基础上，还要花时间朗读课文，把单词、词组、句子和课文作为一个有机整体一起复习。

（3）安排"限时做题"或者"限时考试"，提升孩子的做题能力。

孩子在家做题或者模拟练习的时候，可以引导孩子用计时器在限定时间内完成。提前模拟考试的场景，这样考试的时候，做题速度会更快。

在复习英语的时候，父母可以引导孩子思考此题在考查什么知识点。另外可以告诉孩子，写作文时，尽量写句型结构简单、不容易出错的句子。

以上都是比较实用的考前复习法。对学习比较优秀的孩子来说，还可以用"难题攻克法"，因为有些孩子对于小学阶段的知识掌握得非常扎实，更重要的是做一些"拔高"的题目。

第三步：分配复习时间

关于分配复习时间，父母可以根据孩子的课余时间来约定，一般把握以下几个重要的原则。

1. 先学校后家庭

先完成老师布置的复习内容，再完成父母与孩子约定的复习计划。也可以二者结合进行。

如果学校的考前安排内容很紧密，那父母就配合学校，监督孩子完成学校的复习安排即可。如果学校的考前安排比较轻松，父母就可以在复习安排上适当地加量。

2. 先弱项后强项

对于薄弱的学科，需要花更多时间进行复习。对于学得不错的学科，可以少花一些时间，但还是要认真对待，要保持自己的优势。

3. 先学科后体艺

对于和考前学科复习不相关的内容，如果时间紧张，就可以临时减少或者取消。比如牛牛平时每天要拉小提琴 60 分钟左右，到了期末考试前的复习阶段，他和妈妈约定减少到 30 分钟，特殊情况下可以取消。

如果孩子的时间不是那么紧张，建议在复习的过程中，通过听音乐、运动、画画缓解紧张的情绪，这其实也是很不错的方法。

利用以上的时间分配原则，父母可以帮助孩子合理分配时间，大大提高孩子复习的效率。

1. 客观分析孩子平时的学习情况，有助于制订合理的复习目标和计划。

2. 不同学科的学习规律和方法不同，要匹配不同的复习方式。

3. 引导孩子合理分配考前复习时间，提高复习效率。

亲子练习

和孩子一起制订复习计划

根据考前计划三步骤，运用考前计划表，和孩子一起制订考试复习计划。

序号	考试科目	匹配复习方法	分配复习时间
1	语文		
2	数学		
3	英语		
4	其他		

6.2 考中三个秘诀，考试不丢分

> 考试不是为了折磨孩子，而是一次系统的复盘，
> 是帮助孩子学习的一种重要手段。

（思考）

和孩子进行一次沟通，聊一聊他在考试过程中，有没有经历过以下情况？

A.试卷发下来以后，大概翻了一下，大部分都会做，很开心

B.每次遇到不会做的题，就紧张和害怕

C.交卷时间快到了，还有好几道题没有做出来，好着急

D.在交卷截止时间前，我终于做出了最后一道题，好惊险

E.其他情况，写下来＿＿＿＿＿＿＿＿＿＿＿＿＿＿＿＿＿＿

你的答案是＿＿＿＿＿＿＿＿＿＿＿

粗心背后是没有掌握答题技巧

轩轩妈妈有这样的困惑："我家孩子今年四年级，平时数学学得也还不错。可是每次考试，由粗心大意导致错误比较多，明明会做的题却做错了。我反复告诉他，考试时要再认真一些，要仔细检查，不要再犯低级的错误，可是一考试就又这样。我该怎么办呢？"

轩轩妈妈的这个问题比较典型，在"清华状元好习惯"家长特训营里非常常见。孩子粗心的背后，是孩子没有掌握考试技巧。

孩子在考试时发挥不如意的主要原因如下。

原因一：对考试题目不熟悉

在考试时，孩子对一些题目感到很陌生或者很难，其实是对知识点本身不熟悉、对解题思路不熟悉、分析能力不足等原因导致的。

原因二：做题能力不足

（1）计算能力不足。在遇到需要计算的题目时，如果计算能力不足，不仅影响答题速度，还会因为紧张而产生消极的情绪。

（2）写字速度慢。这在语文、历史、政治类考试中尤其致命，因为这些科目的考试答题往往需要大量书写，写字慢很容易写不完。

（3）阅读能力弱。有的孩子阅读速度很慢，对于一些有大段文字的题目，读题就会花费很多时间，如果理解能力再弱一些，那孩子极有可能好不容易读完了却读不懂，还得回头再读一遍，这样反复多次，容易产生放弃的念头。

原因三：马虎粗心

马虎粗心可以归结于急躁。很多孩子读题时很快读完却不懂题目表达的内容，或者看错、看漏关键词，或者还没读完题目就开始写答案了，结果往往是反复回头，浪费时间，要么就是直接做错。

原因四：做题习惯不好

有的孩子怕做不完，拿到题目闷头就做，不会先理一下做题思路，当发现做错了才回头细看题目。也有的孩子看完题目不知怎么做，就犹豫要不要先做，导致不知不觉地浪费时间。

一般来说，孩子在考试时出错丢分，无外乎以上四个原因。轩轩妈妈在解决这个问题的时候，如果只是提醒和指责轩轩，效果比较差。建议和孩子一起分析考得不好的原因，再找出解决的办法。

解决方法

考中三秘诀，让孩子轻松应考

参加考试，其实是有方法和技巧的。下面分享"考中三秘诀"，父母在平时的课后练习时多和孩子进行训练，孩子就能在考场上应对自如了。

"考中三秘诀"包括规划考试时间、运用考试技巧、保持心态放松。孩子如果能掌握这三个秘诀，考试效果就会更好，甚至还可以超常发挥。

秘诀一：规划考试时间

每科的考试都有规定的答题时间，但是孩子平时作业练习时却没有，所以如果不对考试时间进行规划分配，就很有可能出现时间不够答不完题的情况。

孩子在考试的时候要怎么合理规划时间呢？

1. 平时练习控制答题速度

要在考场上以最快的速度做出最多的题目，孩子在平时的练习中就要注意把握节奏，严格控制好时间。

不要让孩子觉得平时的练习或测试不是真正的考试，那样他很随意或过于放松，会每次拖几分钟，或者总是走神。如果能经常把练习当作考试来对待，慢慢地父母就能发现，孩子答题时无论速度还是准确率都提高了。

另外，考试前，父母可以让孩子做真题试卷或者模拟试卷，按考试步骤让孩子走一遍流程，熟悉一下，孩子上了考场就会比较熟练。

2. 安排好答题的时间顺序

答题顺序很重要。孩子在考试的时候要先找到擅长的题型，先解决有把握的，再去纠结那些生僻的、难解的题，这样不仅可以加快做题速度，还能在完成所有题目后有充足的时间检查。

不要在一道题目上无故消耗太多时间，要利用有限的时间答最多的题目。

3. 运用时间工具把控时间

学校平时的单元测试一般是用上课时间安排的，时长 40 分钟。而期末考试比较重要，时长一般是 60 分钟或者 90 分钟。每次考试前，父母要和孩子确认考试时长，强化孩子对时间安排的重视。

要让孩子养成考试时看时间的习惯。如果教室有时钟，可以看时钟；如果不确定教室是否有时钟，就让孩子戴一块手表，这样孩子对时间比较清楚，心里也不容易慌乱。

4. 做阅读题要注意方法

有的孩子在做阅读题时读得很慢，关键还是只过眼不走心，读完以后，不知道主旨是什么，导致后面做题的速度明显变慢。

做阅读题也是有技巧的，比如做语文阅读题，首先看"题后的问题"，把问题浏览一遍，做到心中有底，然后通读全文，把觉得有用的内容用笔先画出来，便于答题。

5. 预留出检查的时间

一定要让孩子预留出检查的时间，比如留 5~10 分钟，确认"该拿的分数都拿到了"。

秘诀二：运用考试技巧

考试的过程中，有很多技巧可以运用，这些技巧可以有效帮助孩子超常发挥，考出比平时更高的水平，具体如下。

填写信息	监考老师宣布可以答题以后，首先填写姓名、班级等重要信息并及时检查确认
翻看试卷	可以提前翻看整套试题，对分值和题型分布有大致了解，并合理规划时间
做题原则	遵循"从前往后""先易后难""简单题拿满分，中等难度题多拿分，难题能拿一分算一分"的原则
做好标记	不确定正确的地方，可以用铅笔在试卷上做好标记，检查的时候重点关注

秘诀三：保持心态放松

孩子考试时紧张很正常，但过于紧张就会影响发挥。在考试前一天晚上，要让孩子早一点睡。同时教孩子在考试过程中如果感觉紧张，可以使用深呼吸法，步骤如下。

（1）吸气：用鼻子吸气，腹部鼓起来，想象着空气充满腹部，持续4拍（每拍用时1秒左右，下同）。

（2）屏气：停止吸气，开始屏气4拍。

（3）呼气：张开嘴，把腹部的气呼出去，呼气4拍。

可以反复多做几次，持续至少一分钟，保持节奏的舒缓，注意呼吸的深度和完全程度，这样可以帮助孩子慢慢平复紧张的情绪。

古人云：不以物喜，不以己悲。可以引导孩子，无论最终考试结果如何，都要保持一颗平常心。

孩子考得好，让他不要过分激动而放松了接下来的学习。孩子没有拿到理想分数，让他不要灰心丧气，一蹶不振。

考试不是为了折磨人的，考试其实是为了让孩子发现不足，从而在接下来的学习中能更有针对性。

考试是一次系统的复盘，是帮助孩子学习的一种重要手段。只有掌握了参加考试的技巧，并在考试中发现问题，孩子的成绩才能得到提高。

1. 孩子考试丢分，也许是因为孩子没有掌握考试技巧。

2. 考试是一次系统的复盘，是帮助孩子学习的一种重要手段。

3. 针对考试的训练，最重要的是在平时进行。

6.3 考后复盘三步法，积累考试经验

> 复盘不仅是为了发现问题，更是为了总结归纳出正确的方法，继续前进。

思考

孩子把试卷带回家以后，你是如何与孩子复盘的？

A. 只是简单看了一下，没有复盘

B. 会和孩子分析错误的原因

C. 会因这次考试的进步鼓励孩子

D. 如果孩子考得不好，我会严厉批评孩子

E. 其他情况，请写下来_____

你的答案是_____

考试卷子看个分数就完了吗

期末考试结束，老师把试卷发下来，琪琪兴冲冲地对妈妈说："终于考完了，这些试卷没用了！"

琪琪妈妈说："琪琪，老师说了，期末考完试以后试卷的作用可大了。我们要像医生对病人进行详细检查一样，对试卷进行分析和总结，看看哪里好、哪里不好，怎么保持或改正，下次考试分数就能更高了。"

听完妈妈的话，琪琪把语文、数学、英语的试卷拿出来，和妈妈一起坐在书桌前分析起来。

妈妈：我看了这三张试卷，发现你在考试的时候，字写得比平时工整，这一点非常值得称赞。琪琪，你有没有发现自己在这次考试中的优点呀？

琪琪：我觉得这次考试，没有以前那么紧张，放松了很多。

妈妈：这道数学选择题难度不大，却被扣了3分，你回忆一下，你当时是怎么思考这道题的？

琪琪：这道题不该错，我当时心里想"怎么那么简单"，就没有注意这是道多选题，所以我看B是对的就只选了B。

…………

经过分析，琪琪和妈妈总结出这次考试做得好的地方，比如时间安排合理、字迹工整、解题步骤完整等，需要注意的地方包括读题要逐字逐句看仔细、多次检查等。果然，在后来的一次测试中，琪琪就很少犯因粗心导致的错误。

所以，不要小看了一张试卷。每个阶段的考试后，父母如果能和孩子一起对试卷进行复盘，让孩子学会总结经验，对孩子提升考试能力特别有帮助。

但是，考试复盘不是简单地看看哪里丢了几分，改正过来就可以了。考试复盘应该如何有效进行呢？

解决方法

复盘三步走，经验握在手

分析原因　　　归纳分类　　　举一反三

第一步：分析错误原因

每一道错题，都能反映孩子的某个不良学习习惯或能力短板。通过分析错题，找出错误产生的原因，再有针对性地改正，才能达到复盘的效果。常见的错误原因如下。

1. 审题信息不全

有些孩子把题做错了，是因为没有认真读题审题，大脑没有输入正确的题目信息。

例如，孩子把"256"看成"259"，把"+"号看成"-"号，把"贝壳"写成"壳贝"等。

经常出现这类错误的孩子，性子一般比较急，没看完题目就开始答题了，说明平时在练习、写作业的时候，也是这样的，没

164

有养成良好的读题审题习惯。

父母要引导孩子在平时做作业的时候，逐字逐句地读题目，低年级的孩子可以用手或笔指读，不能出现错漏。对于比较长或复杂的题目，需要多读两遍，再开始答题。

2. 没有理解题意

孩子在读题的过程中，没有真正理解题目的意思。

比如，题目是"你如何评价这篇短文的内容"，需要孩子在理解文章内容的基础上，做出自己的评价。有的孩子却回答这篇短文写了什么，变成了概括内容，因此就丢分了。

父母要引导孩子注意在题目中标注关键词，比如用铅笔画出题目中的关键词，或者在关键词下面画一条线。有的考试不让在试卷上做标记，可以做题后擦掉或者在草稿纸上写下关键词。

3. 缺乏解题思路

答案是解题的结果，而错误却是出现在过程中的。有的孩子在检查时看不出错误，是没看到过程中出错的步骤。

很多孩子不喜欢写解题步骤，觉得写那么多太麻烦。很重要的一个原因是一年级到三年级的作业相对比较简单，很多题目孩子稍微想一想就可以做对，尝到这样的"甜头"后，孩子就更不喜欢写解题步骤了。另外，一年级到三年级的孩子书写能力比较弱，字写太多会觉得累，就不想写解题步骤了。

养成这样的不爱写解题步骤的习惯以后，到了四年级解题难度增加，老师和父母要求写解题步骤时，有些孩子会有逆反心理，不愿意配合，导致答题错误率提高。

那该怎么办呢？建议父母告诉孩子写解题步骤的科学原因。

为什么要写解题步骤？

人的大脑接收信息的能力非常强，大约每秒能接收4000亿比特的信息，但是处理的能力极为有限，每秒只能处理大约2000比特的信息。

在解题过程中，如果不把已有的题目和步骤等信息写下来，这些信息就会留存在大脑中，占用大脑处理信息的空间，进而影响大脑处理信息的速度和准确度。

因此，要想解题时轻装上阵，一定要学会把重要的题目信息和解题步骤写下来，这样做也方便写完后回头检查。

第二步：重要题型总结归类

如果只做第一步，那复盘还是没有从点到面。第一步是对整张试卷进行具体的分析，第二步是在这个基础上，进行总结和归类。具体可以这样做。

1. 把错误原因归类

前面对于错题，已经和孩子分析了出错的具体原因，然后就要准备一个错题本，对原因进行分类，如粗心大意、知识点未掌握、解题思路不清晰等，再把错题按分类一一对应抄到错题本上，最后进行改正。

这样做的好处是，一个学期下来，可以很容易看出每次考试因为不同原因分别丢了多少分，错了多少题。当孩子因为同一个原因反复丢分以后，考试时自然就会更加注意。而且，当错题本上错题越来越少的时候，孩子也会变得更自信。

2. 复述解题思路

如果只是在错题本里把正确答案抄下来是不够的，有的孩子就算看懂了解题方法，其实也没有真正掌握。

要让孩子彻底掌握题目的正确解答方法，可以运用"费曼学习法"，让孩子复述一遍解题思路，会让他记忆更加深刻。

还可以借助智能学习工具掌握解题思路，比如使用"小飞"扫描题目，得出正确的解题步骤，然后标注自己答错的原因，再收藏到错题集里。

考试前，引导孩子把错题再做一遍，加深印象。

第三步：学会举一反三

只会做"错题"是不够的，孩子如果遇到类似的题目还是有可能出错。那么如何避免呢？

好方法是"举一反三"，让孩子再做三道类似的题，彻底掌握解题方法的可能性就可大大增加。父母可以在多出几道同类型的题让孩子练习的同时，让孩子用"复述法"讲解答题思路，如果孩子能做对，同时也能讲解得清楚，那这类题才是真正会做了。

另外，父母还可以让孩子自己出题，自己答题。能做到这一点的孩子，对知识点一定有了深入的理解。刚开始的时候，父母可以引导孩子把题目中的数字改了，重新计算。然后，可以引导孩子修改题目的内容，但是题目框架不变。

通过这样举一反三的训练，下次考试再遇到同类型的题目，孩子就不会再做错了。

做好以上三步，考后复盘才算是有效的。这需要父母给予帮助，孩子才能慢慢学会自己总结经验和学习方法。到了孩子能自主学习的阶段，孩子就能自己进行考后复盘了。

敲重点

1. 有效的复盘不是简单地改正错误，而是通过纠错、归类、反思，形成一套好的方法，再持续验证。
2. 用举一反三的方法对易错题进行多次巩固，彻底掌握做题方法。
3. 复盘是为了通过改正问题找到正确的学习方法，而不是为了发现问题，对孩子进行指责。

Loading…
(●○○○○○○○○○)

第7章

自觉阅读好习惯，
快速提升认知层次

7.1 三个小妙招，培养孩子爱阅读的好习惯

❝ 阅读，从兴趣开始。❞

(思考)

为了让孩子爱上阅读，你用过哪些方法呢？

A. 每天进行亲子阅读

B. 买很多孩子喜欢的绘本或者书籍

C. 经常带孩子去书店，和孩子一起选书

D. 经常按照育儿专家推荐的或者老师推荐的书单，给孩子买书

E. 给孩子办图书馆的借书卡或办理绘本馆的借阅会员

F. 带孩子参加绘本馆举办的绘本阅读课

G. 其他方式，请写下来＿＿＿＿＿＿＿＿＿＿＿＿

你的答案是＿＿＿＿＿＿＿＿＿＿＿＿

孩子不爱看书，只爱玩

晨晨刚上一年级，妈妈就开始焦虑了："班上有好多孩子已经可以自主阅读了，再看看自己家的娃，做练习还要我逐字给他读题目要求呢，愁死了。"

很多父母都知道阅读的重要性，但是却不知道该如何让孩子爱上阅读，甚至因为方法不对，适得其反。晨晨妈妈说："为了让孩子爱阅读，只要别人推荐的书我都买回家。开始的时候孩子还翻一翻，现在怎么喊都没用。"

晨晨妈妈的初衷是好的，但是她却忽视了一件事：阅读的主体是孩子。如果父母一味地把自己认为好的书丢给孩子，每天安排好时间让孩子自己读，阅读这件事情就变成了压力和任务，孩子怎么能体会到阅读带来的乐趣呢？

那么父母如何引导让孩子爱上阅读呢？

解决方法

三个小妙招，帮助孩子爱上阅读

研究表明，阅读可以让一个人见识更多，看得更远，逻辑判断更清晰。父母引导孩子爱上阅读，就是对孩子人生的美好馈赠。

妙招一：趣味阅读

父母引导孩子进行趣味阅读的前提是，找到孩子的兴趣点。

小学生好奇心强，具有强烈的求知欲，对于感兴趣的话题会打破砂锅问到底，而且一提起就说得津津有味。

父母如能找准孩子的兴趣点，营造轻松愉快的阅读氛围，激活孩子的求知欲，就能达到事半功倍的效果。

几乎每个孩子都爱听故事。父母可以从满足孩子听故事的欲望入手，从给孩子读故事开始。读故事时要声情并茂，再配合动作，帮助孩子理解书中的图画和文字的内容，引起他们情感上的共鸣。

除了爱听故事，孩子还喜欢玩游戏。"清华状元好习惯"家长特训营的导师开发了激发孩子阅读兴趣的方法——把游戏的元素加进阅读里，让孩子觉得阅读是好玩的游戏。

例如，小米学《少年闰土》这一课时，小米妈妈借助游戏开展"玩中学"阅读，一共有四个环节。

一画 阅读课文第一段，画出闰土的形象。小米很喜欢画画，很快闰土的形象就跃然纸上。

通过这个环节，孩子对闰土的形象有了一个更为清晰的了解，也更容易理解人物的性格。

二做 让小米用纸折出竹匾的形状，用铅笔和毛线，重现"雪地捕鸟"的过程。

借助这个环节，将孩子从课文中带入闰土的生活场景。

三演 全家4个人，自行认领角色，分别扮演旁白、闰土和"我"的角色，妹妹米粒演"西瓜"。在角色扮演的过程中要加上动作。

这个环节中，孩子通过语言和动作，既体会了表演的乐趣，也体会到了人物的思想感情，最关键的是这成了全家快乐的亲子时光。

四说 "如果你生活在那个时代，你是更愿意做闰土还是更愿意做'我'？"

这个环节，加深了孩子对作者情感的理解。

更多趣味阅读的方法和技巧，请参考魏华老师的畅销书《不急不躁 用游戏提升儿童学习力》，书中介绍了很多用游戏提升阅读兴趣的方法。

妙招二：把选书的权利交给孩子

很多父母选书时有"名著"情结。可是，孩子就是想读同学都在看的、父母认为"没营养"的书，比如一些网络文学、青春故事、悬疑小说。

上一代人对下一代人"品位"的不认可，几乎是永恒存在的。孩子们出于阅历的局限，确实是会喜欢一些看起来"没营养"的书，这也是成长的必经阶段呀。

小米妈妈曾经因为小米痴迷于班级同学中流行的图书而苦恼和纠结过。那时，小米看"十宗罪"全套7本，她每天几乎一休息就看，真有点废寝忘食。

这时不能强行制止孩子看这类图书，因为父母越控制，孩子越会想方设法去看。

小米的语文老师说："开卷有益。现在孩子喜欢什么看什么，并没有考虑到是否有用。等到了高年级或初中，孩子慢慢会有自己的判断。家长静待花开就好。"

于是，小米妈妈变"堵"为"疏"，经常跟小米讨论她读到的内容。后来小米看完"十宗罪"系列，说道："妈妈，我当时看这些书时认为，除了这些书，再也没有我感兴趣的书了。谁知看完后又发现了我感兴趣的系列书'半小时漫画中国史'，这套书实在太有意思了。"

孩子主动读书和父母强迫被动读书，效果是截然不同的。

妙招三：营造家庭阅读氛围

如果家里电视常开，爸爸妈妈"手机不离手"，这样的氛围，很难培养出爱读书的孩子。

父母应当以身作则，每天坚持读书，给孩子做一个好榜样。父母的言传身教比说教更有效。

有的父母会问：读不下去怎么办？为了孩子，从此刻开始读书，读着读着，就真能读下去了。

这在心理学中称为"行动兴奋"。这种干劲来自大脑中的"伏隔核"，就是先行动起来，刺激伏隔核，读着读着就想读了。

孩子养成阅读习惯越早越好。如果之前孩子没有养成阅读的好习惯，那么，从现在开始也不晚。"清华状元好习惯"家长特训营中的很多家长用了这些方法，让孩子逐渐爱上了阅读，你也试试吧。

敲重点

1. 一个人的阅读能力不是与生俱来的，而是通过后天培养的。

2. 开卷有益，静待花开。

3. 父母的言传身教比说教更有用，尤其在阅读这件事情上。

开展一次"家庭读书日"活动

父母引导孩子设立"家庭读书日",让孩子当主持人,全家人都读自己喜欢的书,至少 10 分钟,然后分享读书的内容和自己的 3 点收获。

7.2 书单那么长，怎么给孩子选"有营养"的书

❝ 开卷有益。孩子爱读书，比读什么书更重要。❞

思考

你认为以下哪些书对孩子来说是"没营养"的？（可多选）

A. 漫画书

B. 言情小说

C. 武侠小说

D. 恐怖、惊悚类图书

E. 穿越小说

F. 连环画

G. 科幻小说

H. 其他，请写下来＿＿＿＿＿＿＿＿＿＿

你的答案是＿＿＿＿＿＿＿＿＿＿＿＿＿＿

孩子到底读读哪些书

　　萌萌妈妈最近和刚上四年级的萌萌"杠"上了。孩子喜欢看漫画书，一本接一本，就是不喜欢看对学习有帮助的书。前几天，妈妈把漫画书藏起来了。没想到，第二天孩子用自己的零花钱又买了漫画书。萌萌妈妈问："我就不想让她看漫画书，但是买回来的推荐小学生阅读的书，孩子翻都不翻，怎么办？"

　　这个问题，应该道出了很多父母的心声。书籍这种精神食粮的养分判别，比物质的东西复杂得多，它不像食品的选择，通过配料表就可以看出大致的营养成分。

　　那么，父母到底该怎样为孩子挑选适合阅读的书呢？

解决方法

三种方法，帮孩子选好书

　　父母为孩子选书时，可以采用以下几种方法。

从孩子兴趣入手　　让孩子自己选书　　选择符合孩子认知水平的书

方法一：从孩子兴趣入手

先问大家两个问题：你知道现在小学生经常聊的内容是什么吗？你知道孩子最喜欢玩什么吗？如果你不知道，说明平时对孩子的兴趣关注较少。

想要孩子对书感兴趣，首先得选他们感兴趣的书。

在给孩子选书时，要以孩子的兴趣为核心，同时考虑孩子的接受水平，然后再考虑书的用处，给孩子建议。

只有让孩子对书感兴趣，才会开始阅读，后面才能慢慢享受阅读带来的乐趣。

在培养阅读兴趣阶段，孩子愿意读书，比读什么书更重要。

方法二：让孩子自己选书

如果每次都是父母给孩子选书，反而容易带来一个问题：父母认为，我们费尽心思为孩子选书，孩子却不领情，把书束之高阁；而另一边孩子也抱怨，不是我不喜欢读书，而是不喜欢看你们选的那些书。于是，父母和孩子之间产生了矛盾。

遇到这样的情况，我们不妨把选书的权力交给孩子，让孩子挑选自己喜欢的书。当孩子与父母的选择出现矛盾时，把握"无害原则"，如果书中没有暴力或不健康的内容，就尊重孩子的选择。

萌萌妈妈了解到这一点后，就改变了方式，每个月为萌萌准备"购书基金"，让孩子买自己喜欢的书。这样一来，她们之间的矛盾就没有了。经过一段时间，萌萌在满足了自己的读书欲望后，也能接受妈妈的建议，看一些妈妈推荐的书了。

只要树立了正确的阅读观念，掌握了大的原则和方向，父母就不必太过焦虑，因为可选的图书很多，读书的方法也相当多元化，每个孩子都有自己的个性化选择。

阅读这件事，可以让孩子来做主。

方法三：选择符合孩子认知水平的书

面对各种"小学生必读书单"，父母该怎么为孩子选择呢？

父母在选书时，可以跟孩子一起，先看一下图书第一章的内容，并问问孩子：第一章写得吸引你吗？人物的名字好记吗？你对他们的命运好奇吗？……如果对几个问题孩子的回答都是"是"，那就可以把这本书放入购物清单。

关于如何根据书单给孩子选择感兴趣的书，这里也给大家分享一些做法。

在满足"看得下去"的前提下，我们可以先从经典文学名著里挑一挑。比如，马克·吐温、欧·亨利以写短篇小说见长，他们的作品往往第一页就开始讲故事有趣的部分，很适合小学生阅读。

孩子都喜欢历险故事，所以冒险类主题的图书也是很受欢迎的。凡尔纳写《海底两万里》时，世界上并没有潜水艇，但他描写得逼真、细致，让读者如痴如醉。

孩子们很有想象力，喜欢看描写动物的书。诺贝尔文学奖获得者吉卜林描写的动物栩栩如生，在西双版纳生活过的沈石溪也把动物写"活"了。

中国首位获"国际安徒生奖"的作家曹文轩的作品，孩子都非常喜欢，尤其是代表作《草房子》，剧情描写得引人入胜，人物刻画得淋漓尽致。

还有享有"童话大王"之称的郑渊洁，他写的《舒克和贝塔》《皮皮鲁和鲁西西》等，充满了童真童趣，让孩子爱不释手。

诗歌是人类与生俱来的冲动，可以选择一些配图的诗歌集，让孩子感受诗歌和散文的韵律之美，也为初中学习诗歌和散文打下基础。

当孩子开始有崇拜的人时，不妨为孩子精选一些偶像的人物传记，可以选叙事紧凑、故事性强的传记。

让孩子能读懂，他才会更愿意读。

看了以上内容，你对如何选书是否有了不一样的想法呢？

以上三种方法，能帮助父母选对书、选好书，大家不妨试试吧！

敲重点

1. 只有对书感兴趣，才能让孩子开始阅读。

2. 不妨把选书的权力交给孩子。

3. 父母认为"没营养"的书，孩子却喜欢看，这时父母不能强行"堵"，而是要"疏"。

7.3 俯仰皆是，碎片时间读起来

" 越是零散的时间，越好利用。**"**

巧用碎片时间，积少成多

如果只有 5 分钟的时间，你会让孩子看会儿书吗？

"清华状元好习惯"家长特训营中，90% 以上的家长的回答是"不会"。因为家长们认为，5 分钟时间太短了，还没看几眼，时间就到了，还不如不读。读书不应该是用一整段时间吗？

其实，不然。

著名散文家、翻译家钱歌川先生在《读书的习惯》一文中曾谈到，你不要以为 5 分钟做不了什么事，把 100 个 5 分钟集起来，就差不多等于一个整天。我们利用 5 分钟的余暇去读书，也可以成为一个学者。

可见，如果孩子能利用碎片时间阅读，累计起来的阅读量会是惊人的。

那么，如何让孩子学会用碎片时间阅读呢？

解决方法

六种方式，利用碎片时间高效阅读

利用闲暇时间读书，是轻而易举的，孩子之所以不这样做，只是因为没有养成这种习惯而已。

小米妈妈在培养小米阅读方面，就把碎片化时间利用得很好，比如：

早餐前

小米每天会用等妈妈做早餐的时间，大声读 3 篇语文课文或英语课文。10 分钟左右的时间，小米就把前一天学的课文，和当天即将要学的课文读了一遍，相当于同时复习和预习了。

晚餐前

小米妈妈还有个小心机，在餐桌上放一些杂志和故事书，孩子在等着吃晚饭的时候，随手就可以摸到书。而且这些书的内容篇幅都比较短，几分钟就能读完一篇。吃饭时，孩子还会一边吃，一边讨论刚刚看到的内容。

睡觉前

小米的房间里，书橱里、书桌上、床头都放着书，她无论坐在书桌前，还是床上，都可以看到自己喜欢的书，特别是晚上睡觉前，短则看上 10 分钟，长则半小时。

这样，通过几个不同的场景和时间点，小米就能把碎片时间利用起来进行阅读了，也就慢慢积累了阅读量。

接下来分享几种让孩子利用碎片时间高效读书的方式。

方式一：养成"微习惯"，培养阅读好习惯

父母给孩子设定读书"量"时，千万别贪多，不要定"死目标"，要降低要求和难度，让孩子能接受。例如，可以这样跟孩子说："宝贝，你来读读这句话，妈妈不明白是什么意思。"这样，启动阅读这个过程孩子不需要花大力气，也不需要花太多时间，就更愿意进行。

方式二：固定时间，降低孩子阅读的难度

从孩子的时间表中，每天抽出 10~20 分钟作为雷打不动的读书时间，比如吃饭前后、睡觉前等孩子放松的时间，并尽量固定

下来，不要被任何事情影响，这样更容易养成阅读习惯。

小米妈妈每次在孩子洗完头、吹干头发时，让孩子背古诗。有时，小米背诵得很快，背完 5 首古诗，头发还没吹干，妈妈就会说"再赠送一首呗"，孩子觉得很有趣还很有挑战性，吹头发从来不觉得无聊。后来，小米就把吹头发的时间定为"背古诗"时间。

方式三：随身带书，充分利用零散时间

孩子带上小开本的、轻便的"口袋书"，在等公交时、在饭店等上菜时，可以随时拿出来阅读。

三年级以上的孩子，1 分钟至少能阅读 100 字，在排队等待的 20 多分钟，就可以阅读大约 2000 字，约 2~3 篇文章。

千万别小看这 2~3 篇文章，如果孩子一天比别人多看 2~3 篇文章，一年就是 700 多篇甚至上千篇，用不了一年，会利用碎片时间读书的孩子，就可以把不会利用碎片时间阅读的孩子甩开很大的差距。

方式四：父母带头，做移动的"图书馆"

一般一到周末或节假日，父母都会带着孩子郊游或到儿童

乐园、游乐场玩。这时，如果父母能够带上一本孩子感兴趣的图书，当孩子玩累了，安静地坐下来的时候，就能和爸爸妈妈一起读一本喜爱的书。

长途旅行时，让孩子选一本自己喜欢的书带着路上看，也是不错的选择。

不管在哪里，随时随地制造一些机会，让孩子与书产生关联，才会让孩子注意到书，并逐渐对读书产生越来越浓的兴趣。

方式五：情景阅读，纸质书触手可及

在家里孩子经常活动的地方放上图书，这样，孩子不管在哪个区域，都有机会摸到书、看到书。

"清华状元好习惯"家长特训营中的一位学员妈妈曾提出孩子不爱读书的困惑，她特意发来她家书橱的照片，一面墙的书橱，还带着玻璃门，很壮观。

原来，她们住的是复式楼房，孩子住在1楼，书房在2楼，妈妈要求书看完都放回书橱。这样，孩子拿到书的概率就大大降低了，看书的概率则更低。

后来，这位妈妈按"清华状元好习惯"家长特训营提供的方法，给孩子的房间添置了书橱，布置了读书角，在孩子房间门口的客厅和沙发上，也放上孩子感兴趣的书，孩子果然变得爱读书了。

方式六：智能时代，耳朵也能“读”书

父母要做“讲书人”，把经典文章、好故事讲给孩子听。当孩子对故事越来越感兴趣的时候，就会有自己拿起书来阅读的冲动了。

除了自己讲，还能让“别人”讲。现在各种听书的软件很多，父母要学会借力。如果孩子每天上学需要一定的时间，那么不妨把这段时间用来“听”书。一来不怕损害视力，二来可以边听边和孩子聊，还能增进和孩子的感情。

总而言之，懂得利用碎片时间阅读和学习的人，无形中每天的时间就比别人长了很多，收获也多很多。要帮助孩子成为一个会学习的人，父母就需要在时间的利用上，多研究，多下功夫。

敲重点

1. 会利用碎片时间读书的孩子，无形中多了很多读书的时间。

2. 用碎片时间阅读，更容易让孩子爱上阅读。

3. 每个家庭的碎片时间都不同，只要用心，总能发现可利用的宝贵片刻。

7.4 一目十行，三种方式提升阅读效率

> " 过目不忘，不是看一次就永远不会忘。"

思考

在阅读时，孩子有这样的情况吗？（可多选）

A. 阅读的速度很慢

B. 读完记不住内容

C. 不会边读边做读书笔记

D. 做阅读理解题错误多

E. 其他情况，请写下来＿＿＿＿＿＿＿＿＿＿＿＿＿

你的答案是＿＿＿＿＿＿＿＿＿＿＿＿＿

孩子读了很多书，成绩还是不太好

孩子不爱阅读，父母头痛；孩子不会阅读，父母也头痛。

乐乐喜欢看书，一拿起书就看得如痴如醉，在餐桌旁看，上洗手间看，躺在床上也看。像乐乐这么爱读书的娃，很多父母应该欢喜都来不及。但是乐乐妈妈却说："是看完了，似乎没有效果，平时的谈吐没有改变，成绩也没见提升。"这样的读书应该怎样改善呢？

这个问题反映的就是常见的阅读效率不高的问题。读一本书，如果仅仅是翻了一遍纸张，其中的精华内容没有留存在心里，也没有激发起任何的思考或情感，没有和以往的知识进行联系，那就是低效阅读。

那么，如何在孩子爱上阅读的基础上，让他学会有效阅读呢？

解决方法

三种方式，教会孩子有效阅读

古时候，阅读是一件很奢侈的事情，能获取的阅读素材很少，读书人往往要把经典反复诵读，做到烂熟于心。

今天，我们的阅读材料不是太少，而是太多。

在这样的情况下，我们除了要对阅读的内容进行筛选之外，对阅读的方式也要进行区分。根据内容使用的程度，把阅读分为泛读、精读和高效精读三种方式，并据此投入不同的精力。

泛读

泛读就是广泛阅读，博览群书，扩大知识量和知识面，对浏览过的材料有大致印象，等以后需要时，再根据印象查阅或搜索各种资料，建立广泛的知识联系。

泛读的意义就是扩大阅读范围，不断发现更多的兴趣和可能性。

每个孩子的性格和爱好不同，所以，读书的兴趣点和侧重点也不一样。因此，泛读选择图书的要求是，内容健康、形式新颖、形象生动、深浅适度，不限于文学类，也不要限于专门的儿童文学，要让孩子读文学、科学、历史、民俗等各方面的书，扩大知识面，提高孩子的阅读兴趣。

精读

精读则要求重视"精"字，是精选，更是聚精会神。

精读是必要的，如果没有深入阅读的基础，看书就会没有明确的方向，没有条理，抓不住重点。缺少精读的孩子，尽管读了很多书，但都只是囫囵吞枣，蜻蜓点水，收效甚微。

有的书，要多精读几遍，孩子刚开始可以速读，重读时就要放慢速度，边读边思考。可以摘抄书中的好词好句，可以和父母、老师、同学展开讨论，还可以录制短视频，以便加深对书的记忆理解程度，培养总结归纳能力。

萌萌上了"阅读写作课"，授课经验丰富的老师布置了一项作业：阅读名著，录制视频。别看视频只有几分钟，却需要孩子先读故事内容梗概，一遍读不明白，还得多读几遍，然后开始组织语言，最后把整个故事内容串起来。

当时，萌萌录制的视频内容是高尔基写的《童年》，全书有12章，萌萌每次只录制一章的内容，花了大半个学期才录完这本书。和其他泛读的图书相比，她对《童年》记忆的最深，感受最多，讲得更流畅动人。这就是精读的意义所在。

高效精读

精读常常让人有压力，因为总觉得要花很多的时间和精力。下面介绍几种高效精读的方法。

1.建立读书方法

小学语文六年级上册的课本中提到，读书要做到"三到"：眼到、心到、手到。以下这个是常用于精读的读书六步法，会大大增强孩子读书的效果。

· 读：读内容，了解图书的大概内容。

- 查：碰到不懂的字词查字典，及时扫除阅读障碍。
- 画：边读边画出喜欢的字词、句子、段落。
- 摘：摘抄好词佳句。
- 想：读后思考所得所感。
- 记：背诵精彩片段、优美范文。

2. 讲给他人听，深入理解内容

课后读写主要依靠父母和孩子一起进行。比如父母可以和孩子开展家庭读书比赛，或者讲书比赛，让孩子理解书的内容并转换成自己的语言，生动地讲述出来，这是一种对语言表述能力的提升训练，不仅可以加深对阅读的理解，还锻炼了口语和写作能力，也有利于孩子做好语文阅读理解题目。

3. 写出读后感，培养写作能力

不管读什么作品，只要孩子能表达自己的感想，和别人沟通自己的见解和收获，读到的内容就会在他的头脑中留下更深刻的印象。其实，写感悟，不只针对书，看完电视剧、电影后，都可以把收获和见解写出来。

当然，不要每本书都让孩子写，那样孩子会厌烦并失去阅读兴趣。写法让他根据自己的爱好来，可以画图，可以写读后感，可以用简要的字记录要点；暂时不会写读后感的，可以让他抄写自己感觉印象深刻的句子，这也是一种锻炼。

4. 以目标为导向，提高做题准确率

孩子在读一本书或一篇课文时，如果能先看整本书的简介，或了解整篇文章的背景，会更高效。

就拿小学生的阅读理解来说吧，如果孩子能在读一篇文章前，先浏览一下文章后的阅读理解题目，再带着题目读这篇文章，或者在文章中找答案，孩子做阅读理解的准确率和速度也会大大提高。

以上三种方式，是循序渐进的，从泛读到精读，再到高效精读，相信孩子一定能读好书和用好书。

1. 阅读除了要筛选内容，也要区分方式。

2. 泛读的意义就是扩大阅读范围，不断发现更多的兴趣和可能性。

3. 精读是精选，也是精心，更是聚精会神。

敲重点

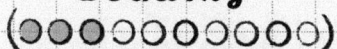
第8章

快乐学习好心情，
父母孩子都要管好情绪

8.1 情绪管理三步走，为孩子创造稳定的情绪环境

> " 培养一个情绪稳定的孩子，首先要有一个情绪稳定的家庭。 "

（思考）

你的家庭经常会发生以下哪些状况？

A. 爸爸比较暴躁，爱吼孩子

B. 妈妈比较焦虑，爱唠叨，孩子经常因此不耐烦

C. 孩子不愿意做作业，一遇到难题就容易烦躁

D. 家里有老人，经常拿自己孩子和其他孩子比较，孩子很不服气

E. 其他情况，请写下来＿＿＿＿＿＿＿＿＿＿＿＿＿＿＿＿＿＿

你的答案是＿＿＿＿＿＿＿＿＿＿＿

孩子上课走神儿，竟然是情绪作怪

天天最近在学校有点反常。语文课上，老师讲了一段诗词的解释，讲完以后，开始提问。当问到天天时，天天没有听见，被语文老师叫了好几遍才突然一愣，赶紧起身慌慌张张地说："老师，我刚才没听清楚，您能再说一遍吗？"天天惊慌失措的样子引得同学们哄堂大笑。天天非常尴尬，红着脸低下了头。

类似的情况不止这一次。其他学科老师反映，这几周天天上课经常是心神不定的样子。

班主任把这件事情告诉了天天妈妈，并且问道："天天妈妈，最近您家是不是发生了什么事情，我感觉天天每天心事重重的。"

天天妈妈吓了一跳，努力回忆最近家里发生的事情。

原来呀，最近天天的爸爸妈妈因为天天期中考试排名靠后，互相抱怨对方不管孩子，不重视孩子的学习，经常在家里吵架，声音特别大，话也很难听。

家里整天大吼大叫、吵吵闹闹的，天天在充满暴力语言和负面情绪的环境里生活，情绪受到极大的影响，上课时心不在焉，无法专心致志地学习。

三步走，做好情绪管理

父母是孩子的第一任老师，在情绪管理方面同样也是。仔细观察一下就不难发现，急躁的父母，孩子的脾气一般也比较急躁，容易情绪化；温和的父母，孩子的脾气一般也比较好，对人也平和、包容。

家庭是孩子学习社交的主要场所，想要孩子不情绪化，懂得管理好自己的情绪，就要在家里为孩子营造一个学习情绪管理的环境。

那么父母该如何为孩子创造这样的环境呢？

首先，父母要知道情绪失控的原理，了解自己情绪失控会对孩子造成的伤害。其次，父母要学会识别自己的和孩子的情绪状态。最后，父母要选择合适的情绪管理方法。具体的步骤如下。

第一步：了解情绪失控的原理

大家都听过这样一句话，"冲动是魔鬼"，可见冲动并不是什么好东西。对孩子来说，父母冲动的情绪就像魔鬼猛兽，会让孩子惊慌失措。如果父母经常在孩子面前情绪失控，久而久之，孩子也会成为情绪经常失控的人，这对于孩子走向社会是非常不利的。

可是有很多父母也感到委屈，"我也不想失控啊，可是看到他那个样子，我就根本没有办法控制我自己"。

想要管理情绪，就得先了解情绪。我们为什么会出现"情绪失控"呢？

原来，人的大脑里有一个很重要的器官，就是长得像杏仁核的大脑"杏仁核"。

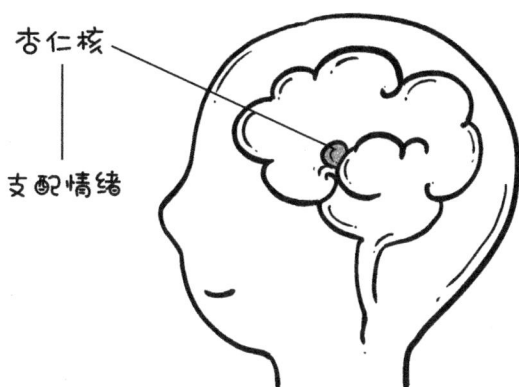

大脑"杏仁核"是产生情绪最重要的器官。当我们遇到一些突发事情或者很不喜欢的事情的时候，这些事情就会不停地刺激大脑的"杏仁核"，让人产生不好的感觉。

在这样的状态下，人会容易失去理智，容易说出难听的话，做出不理智的行为。而父母的这种不理智行为会给孩子的学习带来负面的影响。

生气是解决不了问题的，因为在生气的状态下，大脑是无法理智工作的，也不可能做出理智的判断。我们要尽量学会调整情绪，可以生气，但不要做出不理智的行为。

父母可以把"情绪失控"的原理分享给孩子，等孩子遇到"情绪失控"的时刻并冷静下来后，父母可以和孩子进行复盘，给孩子示范，遇到类似问题该如何更好地解决。

第二步：识别当下的情绪状态

你能经常察觉自己的情绪状态吗？你能通过孩子的行为察觉他的情绪状态吗？很多父母缺乏对自己或者孩子的情绪状态的了解，这一点其实是非常危险的。

四川有一位高中学生选择极端的方式结束了生命，父母不相信也不愿接受这个事实，因为他们从来都没有察觉孩子这一年的情绪变化——其实孩子的负面情绪太多，早已处在情绪崩溃的边缘。

如果父母学会识别孩子的情绪状态，能判断孩子是否处于困境，就可以早一点帮助孩子渡过难关。

如果父母突然发现孩子的情绪非常容易激动，不像平时那么听话和善解人意，总是和别人对着干，这时可以初步判断孩子目前的情绪处于失控状态，就要冷静地对待孩子，帮助孩子调整情绪，而不是"以暴制暴"，压制孩子。

孩子越激动，父母要越冷静。

父母需要冷静下来，从孩子的角度理解孩子，理智地思考如何帮助孩子尽快冷静下来，不要做一些伤害自己或者他人的事情，这一点非常重要。

当然，父母不可能永远情绪稳定，有时候情绪也会失控。我们可以告诉孩子：父母越激动，孩子要越冷静。父母可以这样说："爸爸妈妈有时候情绪也会失控，说出难听的话，做出不好的行为，我们希望在那种情况下，你要学会'对方越生气，我要越冷静'。你不要被我们的错误行为激怒。"

可以跟孩子强调，情绪失控时说出的难听的话不代表父母的真实想法，爸爸妈妈其实非常爱他。

这种提前告知孩子的方式非常重要。这会让孩子学会在父母情绪不好的时候，从混乱中抽离出来，更加理智地面对和解决问题。

第三步：选择合适的情绪处理方法

如果父母能及时意识到自己在生气，就需要尽快冷静下来，思考该如何处理当前的情绪问题，如果需要理智，就要说服自己在处理好情绪问题后再开口。

特别要说明一点：**管理情绪不等于"不能生气"**。

在"清华状元好习惯"家长特训营中，有很多父母说："老师，我知道情绪管理就是不能生气，生气的时候也要憋着。"调查显示，很多父母因为持这样的观点，所以生气的时候不敢发泄，心里憋得难受极了。

事实上，**所有的情绪都是好情绪，每种情绪都有它的作用**。

"情绪管理"不是说不能有生气等负面情绪，而是说，当有"负面情绪"的时候，我们知道怎么表达情绪会更有利于事情的发展。

如果遇到危险，我们需要通过负面情绪的爆发来引起别人的注意。比如，发现孩子想触摸危险的电线，父母可以生气并立即大喊"千万不要碰，太危险了"，以引起孩子的注意，进而减少孩子触摸电线的可能。

如果父母意识到在生气时训斥孩子，只会引起孩子的叛逆和反感，就要学会在特别气愤的时候闭嘴，不要对孩子说难听的话。

父母可以告诉孩子自己看到的或者自己的感受，比如说："今天我上班很累，回家看到你玩手机游戏不做作业，我非常生气！我知道我生气的时候会说很难听的话，我先进屋冷静一下，你也反思一下，过会儿我们再来沟通以后手机使用的约定。"

父母这样表达情绪，就不用憋着了，既给了自己释放情绪的机会，又不会因为情绪失控大声训斥孩子，而破坏亲子关系。

以上三个步骤，对于创建温馨平和的家庭环境非常重要，父母一定要好好学习和实践，以提升家庭幸福指数。只有家庭幸福了，父母才会有能量去培养孩子好的学习习惯，提高孩子的学习水平。

1. 对方越激动，自己要越冷静。

2. 管理情绪不等于不能生气，而是生气的时候，能够选择合适的情绪表达方式。

3. 和孩子一起学习和实践情绪管理，互相"照镜子"，会更有效。

亲子练习

角色扮演学习情绪管理

开一个家庭会议，和孩子模拟情绪失控场景下，父母和孩子需要遵守以下的原则和约定，那就是"孩子越激动，父母越冷静"或者"父母越激动，孩子越冷静"。

8.2 熄火三句话，孩子配合少叛逆

> " 控制住情绪就等于掌握了人生。 "

(思考)

请你回忆一下，当我们还是孩子的时候，如果学习表现不佳，爸爸妈妈会不会说一些特别难听，让自己无法忍受的话，比如：

A. 都是为了供你上学，要不然我怎么会那么辛苦

B. 我们天天上班赚钱不都是为了你，你就不能好好学习，懂事点儿吗

C. 这么简单的作业都做不好，还有脸吃饭

D. 你看你们班轩轩学习多好，你怎么那么笨

E. 其他情况，请写下来＿＿＿＿＿＿＿＿＿＿＿＿＿＿

你的答案是＿＿＿＿＿＿＿＿＿＿

孩子爱发脾气，一说就吼

琪琪妈妈最近一点儿都乐不起来，她说："琪琪三年级了，最近几个月感觉特别叛逆，脾气暴躁，一不顺心就大吼大叫。做什么事情他都提不起劲，学习上也没有上进心。骂也骂了，打也打了，不但没有改变，好像情况变得更差了。到底该怎么办呢？"

"清华状元好习惯"家长特训营的导师收到类似的咨询求助，就会告诉父母：孩子爱发脾气，大部分原因是家庭里有脾气暴躁的成员做了不好的示范，让孩子潜意识觉得只有发脾气才可以解决问题，所以也会用发脾气来表达自己的不满。

琪琪妈妈说："确实是。我们讲他不听时，我们就容易吼，控制不住。三年级之前他还没表现出什么，现在大了，跟他沟通的时候，可能是道理讲得多了，他听不进去了，还爱摆脸色。"

其实不管是大人还是孩子，都不喜欢被训斥。父母如果带着情绪大声训斥孩子，大部分情况下会激怒孩子，孩子就什么道理都听不进去了。

这时父母该怎么说，怎么做呢？

解决方法

熄火三句话，让孩子不叛逆

如果父母想让孩子听进去，愿意配合，就需要尽量心平气和地好好说话。

美国作家达娜·萨斯金德在《父母的语言：3000 万词汇塑造更强大的学习型大脑》中提到：人的智力或心理是遗传与环境交互作用的结果，早期的语言环境对儿童智力的发育有重要影响。

使用肯定语言和负面语言，对孩子智力发育的影响差异非常明显。

"你是对的""你很好""做得好"，正确地运用这些肯定语言，会让孩子相信只要努力，他们能做成任何事。

而过多的负面语言对孩子的影响是灾难性的。

当孩子不断地听到"你错了""你真差劲""你永远都成不了事"这样的话时，不管父母实际上有多么爱他，他都很难摆脱这种阴影。

试想，整天被负面暗示淹没，孩子怎么能不相信自己是"真笨"？

哈佛大学教授泰彻的团队研究发现：**语言暴力能让孩子的语言理解能力变差，长期吼叫还会让孩子的记忆力下降，左右脑开发不完全。**

父母每天都在用语言定义孩子，孩子也逐渐变成了父母描述的样子。

那么，父母怎么好好说，孩子才会听呢？不妨试试用熄火三句话。

第一句：我理解你的心情

第二句：我现在的心情是……

第三句：等平静后再来沟通

理解

表达

沟通

理解：我理解你的心情

理解孩子此刻的心情，不代表我们认可孩子的做法，但这样会让孩子更快平静下来。

比如，父母严格执行使用手机半小时的规定收回手机，孩子不高兴大哭，我们可以这样和孩子说："我理解你此刻的心情，但约定的玩手机的时间到了，我知道你很不开心。"

有了这句"我理解你此刻的心情"，孩子的情绪就会被安抚而不是继续被激怒，于是就能更快平静下来。

这时候，需要非常注意的是**不要和孩子讲对错。**

另外，当孩子情绪不稳定甚至失控的时候，说出难听的话，父母千万不要和孩子较真，也不要去讲过多的道理，因为孩子此时是听不进去的。

表达：我现在的心情是……

对于孩子的不配合以及叛逆情绪，父母可以对孩子表达自己的情绪和看法。

先来看看错误的做法。

☒ 你看你，因为这么点小事就发脾气，这是你的错，你有什么资格生气呀！

☒ 约定的时间到了，你不把手机给我，我要被你气死了！

建议父母这样说。

☑ 我们之前有约定，手机使用半小时就还给我，你没有遵守诺言，其实我也是很生气的，我需要调整一下。

☑ 我今天下班到家很晚，现在是晚上8点，从下午4点放学到现在，你没有按照时间约定把学校的作业完成，我非常生气。

☑ 我听到你在学校负责班级工作，同学不配合你的工作，我也很生气，还有一点难过。

这样表达情绪的好处是，其实父母不单是告诉孩子，也是在告诉自己已经生气了，需要及时调整情绪，避免失控引起与孩子的直接冲突，说出伤害孩子的话。

　　而孩子从中也能学到如何正确地进行情绪表达，当情绪没有被别人察觉的时候，自己是可以说出来的，而不是采用不当行为来发泄情绪，比如扔东西、砸东西等。

沟通：等平静后再来沟通

　　前面第一句、第二句话的主要作用是不让孩子再次被激怒，让孩子能尽快地安静下来。那第三句话的作用是，父母和孩子有效地面对问题和解决问题。

　　等孩子的情绪缓和下来、恢复正常以后，父母要和孩子针对发生的事情进行复盘。

　　父母可以说："这次约定玩手机 30 分钟，到时间我收回，你的表现有些情绪失控，妈妈当时并没有训斥你，因为我们之前沟通过，如果我也情绪失控，这样是解决不了问题的。"

　　当孩子冷静下来，就能听懂这句话，会逐步意识到，情绪失控时大喊大叫其实是解决不了问题的。

　　这时父母和孩子就可以针对刚才发生的问题，共同讨论商量好的解决方案。比如，父母可以这样对孩子说："刚才时间到了，妈妈直接就没收了手机，你没来得及反应，所以你特别生气。那下次快到时间的时候，你希望妈妈用什么样的方式收回手机，或者提醒你呢？"相信以前面的情绪缓和作为铺垫，孩子会配合父母一起来解决问题。

在面对负面情绪或错误行为时能关注问题的解决，是父母应该教会孩子的一项重要技能。但是这需要时间和技巧。相信看完这里的分享并加以实践，大部分父母都能做得更好。

敲重点

1. 理解孩子不代表赞同孩子，父母理解的是孩子当时的心情，理解是为了帮助他快速平静下来，而不是认可他当时的行为。

2. 父母在表达情绪的时候，要非常注意情绪和语气，如果父母在表达的时候也情绪失控，孩子就不会接受。

3. "我理解""我现在的心情是……""等平静后再来沟通"，多使用这三句话，亲子沟通就会更积极有效。

8.3 抗挫三步法，提升孩子挫折管理能力

> " "挫折"是孩子成长过程中的特殊礼物。"

思考

孩子在成长过程中，遇到过什么挫折？

A. 考试没考好，老师批评，父母责备

B. 孩子的好朋友有了新朋友，不和孩子玩了

C. 竞选班干部就差几票，落选了

D. 小升初，没有被理想的中学录取，非常失落

E. 其他事情，请写下来_____

你的答案是_____

孩子一遇到困难就"罢工"

果果的老师布置课后作业，让大家背诵当天上课学的英语课文。对于不喜欢英语的果果来说，一下子要背一篇课文，她觉得太难了！跟着音频听了 10 多遍，也没背下来。她说："妈妈，英语太难了，我学不会。"

果果妈妈当时没在意，随口说了一句话："没关系，今天才周五，还有周六周日，一定能背下来。"

谁知道孩子一下子发火了，她说："我永远背不下来，我讨厌英语，我再也不想学了，我不要去学校了。"

果果妈妈当时就被吓住了，遇到这么小的一件事情，孩子怎么就说放弃了呢？遇到点儿困难就这样了呢？

相信有很多父母遇到过果果妈妈这样的情况。父母眼里很小的困难，在孩子眼里却变成了一座不可逾越的高山，让孩子立刻生气撂挑子。

如果你是果果妈妈，你会怎么说呢？

解决方法

"CLW"抗挫三步法，提升孩子的抗挫能力

美国宾夕法尼亚大学有团队经过 30 年研究发现：在人生的挫折与困难面前，决定一个人成功还是失败的关键在于 Resilience

（心理弹性能力，俗称抗挫力）。

简单来说，抗挫力就是指一个人应对挫折的能力，用通俗易懂的话解释就是能否"扛得住事"。

没有哪个孩子生下来就能"扛得住事"，他们都是在生活中摸索，逐渐塑造起坚强的内心。

父母在教育孩子的过程中，有些事情做得不对，很容易让孩子变得脆弱、禁不起风浪。

孩子遭遇挫折怎么办？父母可以用什么方法帮助孩子提升对抗挫折的能力呢？父母可以让孩子尝试以下的"CLW"抗挫三步法。

我要改变　我很幸运　我要努力

第一步：我要改变（change）

当挫折来临的时候，如果孩子总是不知道如何应对和解决的话，就非常容易产生"习得性无助"，严重时会产生焦虑甚至抑郁。

"习得性无助"是指一个人经历了多次失败或者挫折后，感觉自己达不到目标，或没有成功的可能性时，产生的一种无能为力或自暴自弃的心理状态。

人如果产生了习得性无助，就会陷入一种深深的绝望和悲哀。

所以我们首先要教会孩子"改变"这种消极的"思维模式"。

比如，当数学考试没有考好，孩子萌发了这样的想法："我准备了那么长的时间，上课也很认真，作业我也很认真地完成，还是考不好，而且这几次考试都是这样，看来我不擅长数学，数学老师也不会喜欢我，我真的很讨厌数学。"

孩子的这种想法产生的负面情绪，其实就是一种"习得性无助"，内心认为自己无论如何，都没有办法改变，索性就打算在数学上放弃努力，消极对待。

如果父母能及时发现孩子的这种不开心，一定要引导孩子改变"悲观"的思维模式，教会孩子抵抗挫折。

父母可以引导孩子这样想："这次考试我的确考得不好，但不代表我的数学不好，以前我也有考得还不错的时候。"

"我要改变"是一种乐观积极的心理暗示，就是要改变自己悲观的思维模式，不要一有不好的事情发生，就第一时间觉得自己不行，而是要调整和改变自己的思维模式，多一点积极的情绪，而不是深陷负面情绪。

第二步：我很幸运（lucky）

接下来，父母要引导孩子分析考试成绩不好的原因，找到提升的具体办法。刚开始，可以和孩子一起分析，孩子掌握方法、有经验以后，就可以自己总结和分析了。

比如，总结出没考好的**原因**如下。

· 我在考前复习的时候，没有把错题本里面常做错的题再做一遍。

· 我在难题上花的时间太多，导致其他有些题没有时间做。

· 我忘记戴手表，不知道具体时间，时间分配得特别不好。

那么，接下来可以提升的**办法**如下。

· 每次考试之前复习的时候，要快速把错题本里面常做错的题做一遍。

· 一旦感觉是难题，我要规定时间，如果做不出来，赶紧做下一题。

· 以后每次考试都要戴手表，这样我就会知道如何分配考试的时间了。

父母要学会引导孩子先总结经验，再思考提升的方法，要让孩子意识到，虽然挫折来临的时候自己很不开心，但事实上面对挫折也是成长的好机会，多么幸运呀！

如果孩子学会在遇到挫折的时候，知道原来挫折并不可怕，并且可以调整情绪，快速转变思维，就会幸运地发现自己可以掌控挫折和失败，这是一种多么美好的感受！

第三步：我要努力（work hard）

有了前面两个步骤，孩子就会产生积极的情绪，就有力量、愿意更努力地提升自己。要想吸取在挫折中总结出的经验，就需要后续积极实践，这和努力是分不开的。

当然，在孩子努力的过程中，需要父母的引导、帮助和鼓励。因为在这个过程中，孩子也许还会遇到失败或新的困难。每次遇到困难的时候，父母都要教孩子把它当成一次好的练习机会，这样也可帮助孩子越来越正面地看待挫折。

挫折和失败并不可怕，可怕的是没有方法面对它。通过以上三个步骤，相信孩子面对失败、受挫时，不会消极，也不会心烦意乱，因为孩子手中有方法了。

1. 要想让孩子学会乐观，提升对抗挫折的能力，父母也需要学会对抗挫折。

2. 父母可以给孩子分享"习得性无助"的心理学原理，告诉孩子，有这种感觉的时候要说出来，自己会和孩子一起分析和调整。

3. 孩子努力也需要科学的方法，这需要父母给予及时的示范和指导。

亲子练习

一起练习"CLW"抗挫三步法

和孩子一起讨论，最近有没有遇到挫折。如果有，问问孩子是怎么看待的，如果使用"CLW"抗挫三步法去面对挫折和思考问题，孩子的心情是不是能好一些？

8.4 六字三步法，夸出自信的好孩子

> 孩子学习不好，往往不是因为智力问题，而是因为自信心不足。

思考

　　孩子的自信指数是多少？自信指数值为 1~10，10 代表自信心爆棚，1 代表自信心很弱。

你的答案是＿＿＿＿＿＿＿＿＿＿＿

孩子不自信是被骂出来的

"清华状元好习惯"家长特训营里有很多父母反馈,自家孩子的自信心严重不足。比如,在课堂上不敢主动举手发言,有竞选班干部和三好生的机会不敢主动自荐和争取,看到陌生人很害羞,不敢主动与人交流等。家长非常困惑。

孩子自信心不足主要的原因是,父母对孩子的表现不满意,"指责"远远多于"鼓励"。

有些父母很不解:"我好心说出孩子的不足之处,让孩子提升和进步,不是更好吗?怎么反而会让孩子变得不自信了呢?"

这是因为很多父母在指出孩子问题时,会给出否定孩子的消极评价,渐渐地孩子也会否定自己,变得不自信。

心理学研究认为:自信是个人对自身成功能力的评价。自信是发自内心的自我肯定,是对自身力量的确信,深信自己一定能做成某件事,实现追求的目标。无论在学业方面还是在事业方面,自信都非常重要,是一种非常积极的情绪。

自信的孩子在学业上容易有成就感,这种"积极的情绪"会让孩子主动学习、热爱学习,学习的效果更好,成绩也会更优秀。

那么,父母到底该如何提升孩子的自信呢?可以从发现、转换、欣赏这三个方面有效提升孩子的自信。

发现　　　　转换　　　　欣赏

六字三步法，让孩子自信起来

发现：发现孩子在学习上的"闪光点"

"童话大王"郑渊洁在童话写作方面取得了巨大的成就，这和他母亲的教育方式有非常大的关系。有小朋友问郑渊洁："郑爷爷好，我的妈妈总是拿我跟不同的人比较，让我很难过，觉得自己很差劲，怎么办？"

面对小朋友的提问，郑渊洁的回答太值得称赞了！他说："我小时候妈妈也拿我和别人比较，总是说我比别人家的孩子好。作为父母，想让孩子有出息，就要发现孩子身上的长处，告诉他什么地方行。想让孩子没出息，就发现孩子身上的短处，告诉他什么不行。"

道理都知道，可有的父母说，我就是发现不了啊。其实，孩子的闪光点，是要我们睁大眼睛去挖掘的。

比如，孩子期末数学考试成绩虽然不太理想，但父母也要学会发现孩子的闪光点，例如，字写得很工整，解题步骤清晰，考前复习认真等。

我们可以这样说："这次考试，我发现你的字写得很工整，解题步骤写得非常清楚，这两个方面有进步。"这很重要，让孩子不会因为被父母训斥担惊受怕而更听不进去父母的建议。

当孩子没有过于紧张害怕，而是可以放松下来，父母就可以和孩子沟通这次考试存在的问题以及改进的方法，这时孩子很容易听进去。

转换：把"不足"转换为"如何提升"

孩子在学习中不可能总是做得很好，肯定会有不尽如人意的地方，父母可以批评，但批评是有技巧的。

批评孩子的时候，父母可以指出孩子的"问题"，提出宝贵建议，但切记不要在后面"加话"，特别是一些难听的、伤害孩子自尊心的话。

❌ 这一道那么简单的题都不会做，你哪里像我们？你一点儿都不是学习的料儿，长大干脆捡破烂得了。

☒ 这么几句古诗都背不下来，你的脑袋长草了吗？

☒ 每次期末考试都考那么差，我的脸都被你丢尽了。

听到这些话，如果你是孩子，会有什么感觉？假如把后面那些伤害孩子的多余的话去掉呢？感觉如何？

如果父母再把孩子的"不足"转换为"有待提升"，那就更好了。比如，孩子在期末考试中，因为计算错误丢分，导致数学成绩不理想，父母可以这样说："这次数学考试，因为过程中的计算错误丢分太可惜了，以后我们对计算要更重视，咱们来一起想一想，如何减少这种情况的发生。"

这种把孩子的"不足"转换为"如何提升"的思维，是非常重要的。孩子能据此学会遇到错误可以难过但不要放弃，还可以把解决问题当作成长的机会，激励自己面对问题时要积极解决。

欣赏：用"成长性思维"欣赏孩子

不管父母愿不愿意承认，每个孩子都是在"犯错中成长"的。既然孩子犯错很正常，但父母对待孩子要有更多的平常心，要用成长性思维看待孩子的成长，学会欣赏孩子。

父母可以经常用欣赏的语气表达自己对孩子的认可和佩服，比如可以这样表达。

☑ 爸爸很欣赏你，觉得你在画画方面很有天赋！

☑ 妈妈听说你每次科学考试都名列前茅，我觉得你有希望成为一位科学家！

☑ 你朗诵课文时声音洪亮，表情丰富，特别打动妈妈，你真是非常擅长朗诵。

只要父母学会欣赏孩子，孩子内心就会有满满的爱和安全感，就会乐意去提升自己，从而爱上学习。

其实每个孩子都有可能变得更好，就像小树苗一样，哪个地方的水分和阳光更充足，哪个地方的枝叶就会长得更茂盛。学会六字三步法的父母要给予孩子更多的"养分"，夸出一个自信优秀的好孩子。

敲重点

1. 称赞孩子的"闪光点"时，不要夸大，要真诚。

2. 要想让孩子接受批评，父母的情绪要稳定，不要用指责的语气。

3. 欣赏孩子的时候，眼神中要带着关注和欣赏，还可以增加肢体语言。

4. 每个孩子都是在"犯错中成长"的，对待孩子的成长要有平常心。

每天至少对孩子说一句欣赏的话

用 21 天的时间，每天对孩子说一句欣赏的话并记录下来。21 天后，让孩子说一说他的感受。

后记

　　历经 10 多年的"学习习惯培养"实践、研究，又经过 3 年多的授课、答疑和咨询，再经过 1 年多的书稿写作、改稿和优化，这本书终于问世了。

　　首先感谢您阅读完这本书，翻到这一页。

看完了这本书以后，您有什么感想？

　　是不是惊奇地发现：

　　对于孩子来说，学习习惯培养是多么的重要！

　　另外您是不是也会有一丝忧虑？

　　"我能教会孩子吗？"

　　"我的孩子能学会吗？"

　　"这些方法，孩子能配合执行吗？"

　　…………

　　别着急，学习习惯的培养对我们和孩子来说，都是需要终身学习的内容。

　　我们需要给孩子足够的时间，让孩子逐步认识到习惯培养的重要性和紧迫感，逐步培养良好的学习习惯，提升学习能力。

接下来，请您与我们一起闭上眼睛，做一个回顾操，让我们一起回忆一下本书最重要的"八大学习习惯"训练模型，包括：科学规划时间、专注学习、高效完成作业、坚持预习复习、快速准确记忆、积极备考、自觉阅读以及快乐学习。

这可是我们两位老师历时多年实践原创的模型，希望各位父母和孩子都能牢牢记住，这会让孩子终身受益。

要想让孩子掌握好本书介绍的学习习惯和方法，您需要这样做。

• 至少看三遍。如果是三年级以下的孩子，父母可以把学到的方法分享给孩子。如果是三年级以上的孩子，父母和孩子可以一起亲子共读。

• 认真阅读每节的"思考"，以及和孩子一起完成"亲子练习"。

• 把书里介绍的学习习惯培养方法，与孩子一起认真实践运用，坚持不懈。

与此同时，为了让学习和实践的效果更好，您还可以：

• 加入"清华状元好习惯"读者群，和我们以及更多的父母一起学习、交流和提升；

• 参加"清华状元好习惯"家长特训营，系统学习提升孩子学习习惯的科学方法；

• 关注微信视频号"亲子教育何小英"以及"魏华老师谈

育儿"，了解更多有关学习习惯培养的好方法。

…………

　　这些深入学习和链接的好方法，可以帮助父母和孩子有效掌握学习习惯培养的实用方法，帮助孩子高效学习、快乐成长！

　　学习习惯培养，是父母和孩子的终身必修课！让我们一起携手努力，帮助孩子养成良好的学习习惯，成为自主学习、身心健康的小"学霸"！

致谢

这本书的诞生凝结了许多人的努力与付出，在此真诚地表示感谢。

感谢导师秋叶大叔专业、耐心、严格的指导，让我们两位作者静下心来，深入研究"学习习惯"的奥秘与精髓，总结行之有效的训练方法。

感谢蜜桃老师参与本书的编辑工作，提供很多专业的支持。

感谢"秋叶大叔写书私房课"的同学们对我们的鼓励和支持，写书不易，有幸我们一起携手，互相交流和鼓劲，致敬每一位在写书过程中拼搏的我们！

感谢我们两位作者全网 300 多万粉丝、10 多万《不急不吼 轻松养出好孩子》《不急不躁 用游戏提升儿童学习力》《不急不催 轻松让孩子学会时间管理》的读者，以及 3000 多"清华状元好习惯"家长特训营的学员，书中很多案例来源于这些家庭的育儿困惑，相信这本书能够帮助大家有效解决孩子的各种习惯问题。

感谢在背后默默支持我们的家人，也特别感谢我们的孩子小米、米粒和牛宝，他们为本书提供了诸多真实的实践案例。

最后，感谢每一位翻开本书的读者，感谢你们的支持和鼓励，让我们在 10 多年研究"学习习惯培养"的道路上，坚持不懈，勇往直前！

好习惯培养清单

本书包含以下非常实用的好习惯培养清单。

- 1 套核心模型："八大学习习惯"训练模型
- 3 个学习目标：长期目标、近期目标、短期目标
- 5 种时间管理工具：时钟、手表、闹钟、番茄时钟、沙漏
- 3 种形式的每日计划：时钟图、清单式、表格式
- 4 类专注力训练法：游戏训练法、棋类训练法、语言训练法、艺术训练法
- 应对粗心马虎的"三板斧"：刻意练习、正向鼓励、条理有序
- 3 种作业检查法：趣味法、三步法、五看法
- 3 种高效复习法：分散复习、交叉复习、趣味复习
- 5 种感官记忆法：视觉记忆法、听觉记忆法、触觉记忆、嗅觉记忆法、大声朗读记忆法
- 6 种利用碎片时间阅读方式：养成"微习惯"、固定时间、随身带书、父母带头、情景阅读、智能阅读

- 10套实用模型："三三三"假期规划法、"TTC"三步法养成"微习惯"、专注写作业"GAT"三步法、三步预习法、"SMART"五步复习法、考中三个秘诀、考后复盘三步法、熄火三句话、"CLW"抗挫三步法、自信六字三步法

"八大学习习惯"训练模型

"八大学习习惯"训练模型

- 沿着虚线撕下"八大学习习惯"训练模型
- 把习惯模型图片贴在书桌前或者家里明显的位置
- 让孩子说一说，自己的哪些习惯比较好，哪些习惯需要提升
- 和孩子一起制订学习习惯养成计划